心理学入門一歩手前

「心の科学」のパラドックス

道又　爾

勁草書房

心理学入門一歩手前

「心の科学」のパラドックス

目次

目次

序　章　学問としての心理学

1　はじめに

最近、どこの大学でも心理学科は他の学科に比べて受験生が突出して多い。この子供が減っている時代に、ちょっと信じられないような倍率となっている。そのため全国の大学で心理学科の新設が相次ぎ、われわれ心理学関係者としては、ありがたいと思うと同時に、そのうち「バブル崩壊」が起きるのではないかと戦々恐々としている。なぜこれほど心理学科は人気があるのだろうか。なぜ現代の日本の若い人たちは、こんなに心理学に興味があるのだろうか。

その理由として、さしあたって社会的動機と個人的動機の二つが考えられる。社会的動機とは、現代日本社会の病理に対する問題意識と焦燥感である。日本は世界でも突出して豊かな国になったが、それはあくまで物質的な豊かさであり、精神生活においては逆にだんだん貧しくなっているように感ずる。少年の凶悪な犯罪、拒食症、過食症、自傷行為、働く人たちのうつ病と自殺の増加、家族の崩壊、社会的規範の喪失、などなど、危機感は高まるばかりである。心理学を学ぶことでこうした深刻な問題の原因を知り、解決法を考え、社会に貢献したいと思う。これは非常に真摯かつ純粋な動機である。

一方個人的動機とは、高校在学から大学入学あたりの年齢が、ちょうど「思春期」にあたっているという事実に関わる。この年齢には急激に内面的な関心が高まり、自分が何者であるかという問題に苦しめられる。対人関係に悩み、劣等感と誇大な自己像の間を往復するうちに、気がつけば立ちすくんでしまっている。内面生活は豊かであるが不安定で、他の年齢とは異なった独特な時期である。こういうとき、心理学という言葉は非常に魅力的に感じられる。心理学を学べば、自分の内面的な悩みや苦しみについて何か重要な示唆が得られるのではないか。これは極めて切実な動機である。

心理学を志望する多くの人たちの心の中では、これらの社会的動機と個人的動機とが分かちがたく結びつき、渦を巻いているに違いない。しかし心理学に関心が高まっているのには、もう一つの理由が考えられる。それは、心理学という言葉は誰でも知っているのに、その中身は誰も知らない、という奇妙きわまりない事実である。心理学という科目は高校までには教えられておらず、大学に入って初めて学ぶ。実は高校まででも、「倫理」や「保健」などの比較的マイナーな科目の教科書の片すみに、心理学に関係したトピックが記述されているのだが。しかしそれらが心理学に関係するとは、ほとんどの高校生は気がつかないだろう。つまり心理学科を志望する高校生は、心理学に触れる機会がほとんどないまま、心理学科を志望していることになる。さらに言えば、心理学に触れる機会がほとんどないからこそ、心理学科を志望しているのかもしれない。

これは考えてみれば実におかしな話である。それはまるで、レストランに入って全く聞いたことのない料理を注文するようなものだろう。これは勇気ある行為だが、危険である。自分の好みの料理が出てくるかどうか、全く保証の限りではないからである。もしかしたら一口も食べることのできないような恐ろしいものが、大皿にてんこ盛りになって堂々と登場するかもしれない。いつも同じ料理を注文するのも面白くないが、全く知らない料理に挑戦するのはかなりの覚悟が必要だろう。

心理学科において毎年くりひろげられている光景は、このレストランに近いような気もする。筆者は、心理学科の新入生が最初に受講する心理学の講義を担当している。心理学の定義や歴史を講義するのだが、初日からすでに学生に動揺が生ずる。「心理学ってこういうものだったのか」「私の思っていたものとぜんぜん違う」という驚きの声が起きる。毎年のことなので、筆者はしだいにこの問題そのものに関心がわいてきた。この新入生諸君は、心理学をどんなものだと想像していたのだろうか？　という疑問である。そしてこの疑問について考えること自体が、心理学を理解する上で重要な問題を含んでいることに気づくようになった。

ここで急いで言っておかなくてはならないが、心理学は決して「一口も食べることのできないような恐ろしいもの」ではない。それどころか正反対である。筆者は心理学を非常におもしろいものだと思っている。また食べもののたとえで恐縮だが、心理学を「盛岡名物わんこそば」だとしよう。わんこそばはうまいし、おもしろいし、実にすばらしいものだ。しかし、十分に知識がない人が、わんこそばについて勝手に空想的なイメージ（かわいい小さなお椀に入ったおいしいおそば、など）を形成して、何の心構えもなく実際のわんこそばを注文したらどうなるだろうか。それはきっとかなり恐ろしい体験に違いない。つまり問題は心理学（あるいはわんこそば）そのものの価値とは無関係である。問題は、現実に根ざしていない空想的なイメージのほうにあるのだ。

最近の高校生は非常に現実的で精密な進路選択をするし、そのための情報も手に入りやすい時代である。心理学科の新入生たちの多くは、ある程度心理学の正確な知識を持った上で選択を行っているようだ。しかしそれでもなお彼らは、心理学に対する空想的なイメージを抱いている。これは心理学科に固有の極めて特異な現象だろう。英文学に興味のある高校生が、英文学科に入学してイメージと違って驚くということがあるだろうか。建築に関心がある学生が建築学科に入学し、「思っていた建築学と違う」と感じることがあるだろうか。少しはあるかもしれないが、心理学の場合はこのギャップが極端すぎる。心理学という分野は、この点で明らかに他の分野と異なっている。

2　心理の学と心の理学

心理学という言葉は、明治期に作られた翻訳語である。英語ではPsychologyというが、これをほぼ忠実に漢字におきかえてある。Psychologyという英語はギリシア語由来で、その成り立ちは、心や魂といった意味のプシケー（Psyche）と、言葉や論理を意味するロゴス（Logos）を組み合わせたものである。したがってほぼ「心」と「理」という漢字の組み合わせに近いと言える。『広辞苑』（新村出編）によれば、心理学という日本語はPsychologyやMental Philosophyという英語から西周《にしあまね》が作ったとある。西は幕末から明治初期にかけて非常に多くの外国語を翻訳し、当時の日本が西洋文明を摂取する上で大きな役割を果たした人物である。ちなみに、プシケーとはギリシア神話に登場するキャラクターである。昔美しい三姉妹がいて、蝶の羽を持つ末娘のプシケーはとりわけ美しかった。人々はプシケーを崇拝し、美の女神ビーナスに対する信仰を忘れた。ビーナスは激怒し、恋愛の神であるキューピットに命じてプシケーを弓で打たせ、恋の虜にしようとした、云々という神話である。このプシケーという語は、もともと「息」という意味も持つという。

さて、ほとんどの人は、心理学とは「心理の学」だと思っているだろう。建築学が建築の学であり、経済学が経済の学であるなら、同様に心理学が心理の学であることは全く明らかなことに思える。しかし本当にそうだろうか。では「心理」とは何だろうか。『広辞苑』では「心の働き。意識の状態または現象」と定義されている。日常的な用法では、心理という言葉は、特定の人が特定の時に抱いている心的状態、特に感情的な状態を意味するようである。たとえば「電車の中で大声を出して携帯電話で話している人の心理は不可解だ」というふうに、「心理」という言葉はほとんど「そのとき考えていること」や「気分」と同一の意味で用いられている。つまり心理学が心理の学なら、それは結局「たった今あの人は何を考えているか」を知ることのできる学問というニュアンスを持ってしまう。つまり心理学はテレパシーのような学問だということだ。実際に、心理学科の学生がサークルなどの自己紹介で「専攻は心理学です」というと、必ず「じゃあ、今私が何を考えているのかわかるんですね?!」という途方もなく居心地の悪い質問を受ける。心理学が「心理の学」なら、この質問はごく当然だろう。

しかしあたりまえのことだが、心理学はテレパシーのようなものではない。つまり心理学は「心理の学」ではない。少なくとも大学で学ぶ心理学は心理の学ではない。大学で学ぶ心理学は「心の理学」である。「の」の字の位置を変えただけで、心理学という言葉のニュアンスが全く変わってしまうことに注目していただきたい。すでに述べたように、心理学という言葉は、Psychology という言葉を構成するプシケーとロゴスを、ほぼ忠実にそれぞれ「心」と「理」という漢字におきかえている。つまりもともと「心理」というひとまとまりの概念ではなく、「心＋理」という構造になっているのである。「理学」とは結局「科学」のことだろうから、心の理学とは人間の精神を科学的に探求しようとする学問ということになる（もっとも明治の初期には「理学」は Philosophy（哲学）の訳語の一つだったらしい。だから最初は心理学という語はむしろMental Philosophyの訳語としての意味合いが強かったのかもしれない）。

3　本書の目的

この本は大学を中心に行われている「学問としての心理学」について論じている。心理学は学問であると同時に高度に実践的なものであり、実社会で重要な役割を担っている。たとえば病院や学校、児童相談所や家庭裁判所などにおいて、心理学の専門家は非常に厳しくまた地味な活動を日々実践している。しかしそういう分野についてはすでに多く紹介されていることもあり、本書ではほとんど取り上げない。社会的な実践としての心理学については、別の本を参照していただきたい。その一方で、学問としての心理学の方は、実に情報が不足している。このアンバランスを何とかしなくてはならないと思ったので、この本を書くことにしたのである。

学問としての心理学とは何か、ということを考えるには、経済学のたとえを用いるのがいいだろう。経済学は立派な学問であるが、それを学べばすぐに必ず大金持ちになれると考える人はいないだろう。実社会における経済活動には経験から学ぶ知識や技能が大切で、経済学を学ぶことは経済活動をする上で無意味ではないが、必須のことではない。しかしお金持ちになれる保証がないからといって、純然たる学問としての経済学の価値がそれによっておとしめられることはない。経済学はお金持ちになるための学問ではなく、むしろ「お金とは何か」というより基本的なことを考察する。それは非常に重要なことだろう。学問としての心理学も全くこれと同じである。心理学を学べば、実社会においてすぐ役に立つわけではない。魅力的な人間になったり、対人関係を円満にしたり、親子関係をよくしたり、精神的健康を増進したりすることには、実際の経験から学ぶ知識や技能が大切である。心理学は人生における幸福の実現に関して無意味ではないが、必須ではないのである。しかしだからといって、経済学と同様に、学問としての心理学の価値がそれによっておとしめられることはない。心理学は心を幸せにするための学問ではなく、むしろ「心とは何か」というより基本的なことを考察する。それは非常に重要なことだろう。

本書は、心理学の各分野の知識を少しずつ紹介する「心理学概論」ではなく、「心理学とは何か」ということを主題にして論じたものである。なぜかは不明だが、このテーマについて書かれた本は、不思議なほど少ない。本書の題名「心理学入門一歩手前」とは、心理学の中身（極めてマニアックなテーマが多い）を学ぶ前に、考えなくてはいけない実に様々な原理的問題がある、という主張をあらわしている。「入門一歩手前」だからといって「入門」より内容が簡単なわけではない。むしろ逆で、原理的問題にはすっきりと整理された解答を出すことはできない。むしろ問いを発し続けること自体が重要なのであり、したがって本書はいろいろな問題を提起するが、残念ながら解決策はほとんど提示できていない。それでもいいと、少し開き直って書いてみた。以下の章では、「心について考える」とはどういうことか、「科学的」とはどういうことか、心理学はどのようにして生まれ、どういう経過を経て現代の形になったか、現代の心理学の特徴は何か、またその問題点は何か、などというトピックを取り扱おう。これらの考察を通じて明らかにしたいのは主に以下の二点である。第一に、心理学はその誕生から現在まで、自然科学の一分野であろうとしており、それは現代という時代の要請から考えて全く当然のことであるということである。第二に、この「心理学＝心の科学」という図式には、少し掘り下げると深刻なパラドックスが見いだされ、それは容易には解決できないということである。このパラドックスは第五章以降で考察される。

第一章　心について考える

1　「心」の語源

まず一番はじめに考えなくてはならないのは、われわれが「心」という時、それが何を意味するかということである。心とは、とらえようもないあいまいな言葉であるが、しかしわれわれはこの語を日常で頻繁に使用し、意思の疎通を図ることができる。だからわれわれはこの言葉にある特定の意味を見いだし、それを共有しているのである。心について考えるということは、どのようなことを含むのだろうか。

一つの手がかりとして、「心」という日本語の語源を調べてみよう。『広辞苑』で「心」を引くと、以下の説明がある。

禽獣などの臓腑のすがたを見て、コル（凝）またはココルといったのが語源か。転じて、人間の内臓の通称となり、更に精神の意味に進んだ。

死んだばかりの動物の内臓は、赤や黄色など驚くほど鮮やかな色をしている。昔の人はこれを見て、生き物がいろいろな活動をできるのはこれらの不思議なかたまり（臓物）のおかげだと考えた、ということのようである。「煮こごり」という料理があるが、心という語はこれと同源で、もともと「かたまり」というような意味らしい。そういえば、塊（カタマリ）という字と魂（タマシイ）という字は非常に似ているが、これは偶然だろうか。何か関係があるのかもしれない。広辞苑の説明は少し簡単すぎるので、かなり大きな日本語辞典である『大言海』（大槻文彦著）を引くと、

凝り凝りノ、ここり、こころト転ジタル語ナリ、サレバ、ここりトモ云ヘリ……凝海藻、自凝島、同趣ナリ。……きも（肝臓）ト云フ語モ、凝物の略ニテ、臓腑ノ事ナリ。……腹中ニ凝リ集マレル臓腑ノ称ニテ、ヤガテ、腹ノコトヲ云フ。……武士ノ、赤心ヲ示サムガ為ニ、腹を切ルコト、又、腹を見らるる、腹をすえてかかるナド云フモ、是レナリ。太古ノ人ハ、物事ノ、知覚ニ感ズルハ、腹中ノ臓腑ニ応フルモノト思ヒシナリ、……因リテ、動物ノ、思ヒ覚ルコトノ主宰ノ称トス。意識生活ノ本体。タマシヒ。精神。

とある。これは詳しくてなかなかおもしろい。日本神話で日本列島のことを「おのころじま」というのも同源であるという。武士が切腹するというのも「心＝臓物」という関係に由来し、「赤心」（いつわりのない心）を見せるという意味があるという。日本語には「腹黒い」とか「腹を割って話す」とか「腹を探る」とか「腹にすえかねる」とか、心と腹の関係を示す表現が豊富にある。また漢字の「心」も心臓のことだし、「ガッツがある」という表現のもとである英語の guts も内臓のことだ。つまりもともと、心とは肉体的なものを意味したのだ。しかし現在では、心はむしろ肉体と対立する何者かとしてとらえられている。このように、語源を少し調べただけでも「心」は実に多様な意味を含み、頭を混乱させる。

2　心の三つの問題

しかし一方で、「心」について考えるとき、われわれはいくつかの明確な意味をこの語に託している。筆者の考えでは、心について考えるということは三つの問題に関わる。すなわち、（1）生と死について、（2）人間関係と倫理について、（3）認識の能力とその働きについて、である。順番に考察してみよう。

第一に、心は生物にあるもので、無機物のようなものにはたぶん存在しない。だから心は生命と関係がある。実際に語源的にもそれは正しい。すなわちそれはかつては生き物の活動を支える体内のカタマリを意味した。またすでに述べたようにギリシア語のプシケーには「息」という意味があり、息とは生命活動をさす言葉でもある。もっと突っ込んで言うと、心と生命の関係というのは、結局われわれが「死んだらどうなる」という問題について考えざるを得ない、ということと関係がある。われわれにとってもっとも自然かつ素朴な感じ方として、生きている人間には心がある。それは「タマシイ」のような肉体を超越したもののような感じがする。自分の「意識主観」は確かに自分の内部に存在する。場合によっては心は頭の中にある「本当の自分」で、それは目という窓を通じて外界を見ている。腕や足という道具を使って世界と交流している。アニメの巨大ロボットに乗る操縦士のイメージである。いやむしろ、巨大ロボットのアニメのイメージこそがわれわれの持つ素朴な心のイメージの反映なのだろう。

ではこの肉体＝巨大ロボットが壊れると、操縦士はどうなるのだろう。死ぬとこの「私という意識」＝心は肉体と共に消滅してしまうのだろうか。それとも「私」＝心は肉体的、物質的なものを超越した何者かで、死後も何らかの形で持続するのだろうか。近親者や友人の死に直面したり、あるいは眠れぬ夜や病気で熱があるときなどに、われわれは死の不安にさいなまれる。死は自分という存在の根底にある不動の事実であり、それにどう向き合うかという問題は、人生の問題のすべてであると言っていいだろう。つまり心＝私の存在の問題とは、実は「死後にも持続する自己があり得るのか」という問題に関わる。そして当然のことながら、死後にも存続する自己があったら非常にうれしいだろう。なければ死とは完全な停止、永遠の虚無であり、そういう概念にわれわれはなかなか耐えることができない。

第二に、心について考えることは人間関係について考えることだ。われわれは死について日常的に考える必要はあまりなく、何とかごまかして暮らすことができる。しかしそれでもなお、心については考えざるを得ない。それは日常的に人間関係に悩まされるからだ。もしそういう悩みがなければ、自分の心についてなど考える必要もないだろう。自分の性格がいやでしかたがない。誰かが嫌いでたまらない。逆に誰かが好きでたまらない。人に会うのが不安で仕方がない。逆に孤独に耐えられない。これらのように、心の悩みというものはほとんどすべて人間関係に関するものだ。たとえば「性格」というのは、引っ込み思案、積極的、心配性、おとなしい、など、多くが他者とのつきあい方の個人差のことである。もし無人島で一人きりで生活していれば、「引っ込み思案」も「おとなしい」も意味のない言葉になるだろう。一人きりならば「自分の性格」などあまり考える必要もなく、心の悩みも心について思いをめぐらすこともほとんどないだろう。つまり悩みは他者からやってくる。悩みは他者と自分がぶつかるときに生ずる。他者は自分の思い通りにはならないし、何を考えどう感じているのか、知ることはできない。だから他者とはいつでも計り知れない謎である。自分がこの「謎の他者」と否応なしに関係しなくてはならないという事実から、日常生活の悩みは発生する。そして悩みがあるからこそ、われわれは自分の心について考えるのだ。われわれは平穏な毎日を送りたいと望むが、それはしばしば他者の存在によって困難になる。たとえば、嫉妬や軽蔑の感情である。誰でも嫉妬や軽蔑の感情は好ましいものではないと知っているが、他者と向き合うときにこれらの感情は否応なしに噴出し、自分を悩ませ、相手を傷つける。しかも、人は一人で生きることができない。他者なしの一人きりの人生には生きる意味がない。それは、悩みだけではなく生きがいや幸福感も他者からやってくるからだ。生きがいや幸福感というものは、悩みと同じように、他者と自分がぶつかるときに生ずる。つまりわれわれの喜びも悲しみも、ほぼすべて人間関係に由来する。

このように「心」は人間関係ということに深く関わるが、それは心が「倫理」と深い関係があるということでもある。嫉妬、軽蔑、羨望というような、心を苦しませる人間関係の悩みは、その背後につねに社会的な倫理的規範の構造を持つ。たとえば、われわれは「尊敬」はよいことで「嫉妬」はよくないことだと感じる。しかしこの二つの感情は紙一重で、尊敬の気持ちはすぐに嫉妬へと転換し得る。そして転換した瞬間、われわれは「チクッ」と罪悪感を感じる。この二つの違いは実にわずかなものなのに、われわれはその違いに実に敏感なのである。また他人の行動に関しても、われわれは実に敏感に尊敬と嫉妬を区別できる。そしてこうした区別が、社会的な倫理観を維持する基礎になっているのである。つまり心について考えるということは、物事の善悪について考えることでもある。自分の生活はいつも悩みと迷いに満ちている。しかし人間には「立派な生き方」というものがあるようにも思える。つまり、よい生き方と悪い生き方があるように感じる。しかしそんなものがもしあるなら、何がそれを決定するのか。それを決定する根拠とは何か。よい生き方とは誰にとってもよい生き方か。ある人間があるグループに属する人からみれば偉人で、別のグループに属する人からみたら殺人鬼である、ということがあり得るか。残念ながらわれわれは人類の歴史の中にそういう例をたくさん知っている。現代社会でも、アメリカを標的とする自爆テロは、アメリカ人からみれば無差別殺人だが、イスラムのあるグループに属する人からみれば、聖なる行いだ。しかし「何をいまさら、そんなことは聞き飽きた」という方も多いだろう。

しかし、では善悪など考えても無駄なのか。中学生が級友を殺して逮捕され、警察の取調べに対して冷静に「私には殺人を禁止する根拠がわかりません、なぜ人を殺してはいけないのですか？」と逆に質問したら、なんと答えるのか。「そう、よく考えると根拠なんかないよねー」と同意するわけには絶対にいかないだろう。殺人は悪である。なぜか。この問題は実は、上記の「死んだらどうなる」という問題と直接に関わっている。殺人が悪なのは、生命が一回きりのものだからだ。死んだものは生き返らないからだ。しかしそれなら、もし生命が失われても、肉体を超越した「心」＝意識のようなものが持続するならば、殺人の罪深さは少し減るのではないか。それどころか、人の高貴な魂は肉体という牢獄の中にとらわれており、死のみが魂の開放をもたらす、という思想をもつ文化があれば、そこでは殺人はむしろ救済の行為とすらなるのではないか。実際に、あの「オウム真理教」による一連の恐るべき事件の背景には、そのような思想が関与していたのではなかったか。そして実はわれわれ日本人にとって、そうした思想は「死んだら終わり」というような皮相な「唯物的」で「科学的」な思想より、はるかに親しみのあるものではなかったのか。つまりわれわれの持つ善悪の感覚は、「死んだらどうなる」という、肉体と魂のかかわりに関する考え方と直接に関係するのである。

善悪の問題は殺人のような極端な場合にだけ重要なのではない。人間はよりよく生きようと努力する。そのとき、軽蔑や羨望の気持ちは不快であるが有用でもある。つまり、われわれは他人の生活をみて軽蔑を感じ、自分はよりよく生きようと思う。あるいは他人の生活をみて羨望を感じ、なぜ自分はそういう生き方ができないのかと思う。このように、人間が意識的に生活を営み、過去を反省的にとらえてそれに基づいて将来への展望と希望とをもって生きることができるのは、われわれに善悪の感覚があるからだろう。生き方には良し悪しがあるのだ。それを決めるものはなんだろう。よりよく生きるとはなんだろう。そもそもわれわれはなぜ、何のために生きるのだろう。こうした問いに対し、それぞれの文化はそれぞれ特有の答えをもつ。これも心について考えるということの一つの側面である。

第三に、心について考えることは認識のしくみについて考えることである。認識のしくみとは心の働き（機能・能力）に関することであり、聞くこと、見ること、思考すること、推論すること、判断することなどを含む。聞くことや見ることは、他の動物も持っている能力であるが、人間において非常に発達している。言うまでもなく、聞くことと見ることがとりわけ人間にとって重要なのは、それらが言語の機能と結びついているからである。人間は言語によって現実を分節化（イヌとネコは違う種類の動物だ、というふうに何かの間に境界を引くこと）し、構造化（一見ばらばらの知識の中に関連性を発見し、脈略のあるまとまりを作り上げること）し、理解する。人間は言語によって初めて過去を想起し、未来を構想し、自己の内面生活に時間を超えた一貫性を作り出す。人間は言語によって他者と交流し、理解しあい、だましあい、愛し、裏切る。これらの能力は、他の動物には見いだすことが難しい。また人間だけが文字によって出来事を記録し、後世に残すことができる。書字と読字の能力は人類文明の基盤である。

さらに聞くことや見ることは、言語を超えたものを人間にもたらす。人間にとっての聞くことの頂点には、たとえば音楽がある。音楽はわれわれを陶酔させ、惑わし、そして深く考え込ませる。こうした音楽的感動とは何か。特定の和音を協和音とか不協和音と感じるのはなぜか。鼓膜を振動させるのは空気の粗密波の時系列パタンであり、それが秩序と驚きに満ちた「音楽」となるのは、人間の持つ心的機能によってである。それはいかにして実現されているのか。また人間にとっての見ることの頂点には、たとえば自然の美しい風景、なつかしい家族の顔、偉大な絵画、などがある。なつかしい家族の顔は、何十年も生き別れになっていても、再会するとすぐに見分けることができる。人間は他者の顔をいかにして認識しているのか。またそもそも記憶とは何か。人間の記憶は過去の視聴覚体験の忠実で正確な記録か。このように聞くことと見ることに代表される認識機能は、人間の知的な精神生活の基盤である。

また心の機能には感情的なものも含まれる。すなわち喜び、怒り、悲しみ、さらにはすでに述べた嫉妬や軽蔑などの複雑な感情を含む。これらは自分で制御することが難しく、われわれを悩ます。感情は心の悩みの基本に関わる重要な問題である。しかしまた感情の豊かな生活こそが人間に生きがいをもたらすのである。さらに人間は、目的を設定し、目的を実現するために作戦を立て、行動を制御し、自分を律することができる。生物体としての本性に逆らってまで、人間は何かに取り組むことがある。たとえば孤独に疾走するマラソン・ランナーの姿が感動的なのは、われわれがそこに人間を人間たらしめている強い意志の力の純粋なあらわれをみるからだ。実際に、古くから人間の心の機能は「知・情・意」の三つに分類されてきた。

これらの心の機能についての考察は、心の問題を追究する上でもっとも基層的なことである。死後も心は存在するのか、心の悩みはなぜ発生するか、善悪とは何か、なぜ生きるのか、という問題は、われわれは世界の実相（本当のすがた）を認識可能なのか、という問題によって直接に規定されるからである。心の問題が認識の問題であることを示すもっともよい例は「倫理」である。つまり端的に、われわれには善悪を区別する能力があるのだろうか。すでに述べたように人類の歴史には、ある行為が視点によって善でもあり悪でもあるという例が、うんざりするほど無数にある。だからわれわれは「絶対善」というものは簡単には信じられないし、それどころかそれは時として非常に危険なものであるとさえ感じる。しかしこれは、人間の認識能力が不足しているためかもしれない。つまり絶対善は実は存在しているのだが、それをわれわれが認識できないだけなのかもしれない。人間の認識能力は非常に高度なものだが、場合によっては極めて脆弱でもある。われわれはしばしば、重要なものを見失い、混乱し、判断がつかなくなる。われわれは自分の日々の行動を決定する条件や、自分たちの社会の問題や、この「世界」のしくみや、時間や空間や、あるいは「存在」そのものについて理解するために、十分な能力を持っているのだろうか。このように、人間の認識能力を吟味することは、心の問題においてもっとも基本となるのである。だから哲学や心理学は、古くから認識の問題を追究してきたのである。

以上のように、心について考えることは、生命と死について、他者との関わりと倫理について、そして人間の持つ認識や意志の能力について考えることである。これらの問題について、ある時代のある文化はそれぞれ答えを持っている。いやむしろ、これらの問題についてどういう回答を持っているかによって、文化というものが定義されるというべきかもしれない。以上述べたことにすべて答えれば、それは一つの大きな「世界観」とでもいうべきものになるだろう。こうした心の問題に関する大きな観点を「心観」と呼ぶことにしよう。心観などという言葉は心理学の本には出てこない。筆者の造語である。

3　古代の心観

プラトンのイデア論

上述したような心の問題は、心理学が誕生して初めて考えられるようになったわけではない。古代から人間は心の問題について考え、独自の心観を構築してきた。もっとも有名なのは、古代ギリシアのプラトンの思想だろう。プラトンの思想を学ぶと、心について考えることがどういうことに関わりがあるかがよくわかる。

プラトンは紀元前五世紀のアテナイに生まれ、現実の政治問題に常に関わりつつ、哲学者の統治による理想的な国家を求め続け、多くの著作を残した。プラトンの思想は、混迷に満ちた現代世界を秩序だてて理解し直そうとするときに、重要なヒントをいくつも与えてくれる。筆者は哲学者でも歴史家でもないので、プラトンについて語る専門的な資格は全くない。以下の記述はプラトンのギリシア語テキストを読んだ結果ではなく、日本語訳と解説本からの受け売りである。しかしそれでもなお、ここでプラトンについてはぜひ語っておきたい。なぜならば、プラトンの思想は「相対主義」に対する戦いだからである。

すでに述べたように、もしわれわれが真理を認識する能力がなく、この世のものはすべて相対的で、善も悪も一義的に決められないならば、思想的営みというものは実にむなしいものになる。プラトンの生きた時代は、ペロポネソス戦争後の混乱した社会情勢の中で、まさにこうした相対主義が流行していたのである。それに対してプラトンは明確に反対を表明し、理想的社会体制を探求し、政治的実践も試み、この頼りなく移りゆく世界を突き抜けて、その向こうにある真実を見通そうとしたのである。混乱した社会情勢の中で、彼の師であるソクラテスは「青年を堕落させた罪」で死刑になった。プラトンは、何ら著作を残さなかったソクラテスの言葉を自らの思考でとらえなおし、体系化しようとした。そのためにソクラテスを語り手とする多くの「対話篇」を書いた。それらの著作の中でプラトンは、すでに述べた「心観」の三つの問題のほぼすべてに直接に対峙し、体系的な説明を試みた。それは人類史の中でももっとも古い、心についての体系的言説の実例である。

プラトンは魂（プシケー）の不死性を固く信じ、プシケーの不滅性についての精緻な考察を行っている。彼の対話篇の中に『パイドン』という著作があるが、これには昔から「魂について」という副題（日本語訳ではあえて「魂の不死について」と変更されている）がつけられている。この中でプラトンは、プシケーの不滅性についてまるで幾何学のような証明を試みている。そこでの真剣な対話は、本質的な問題を回避して毎日を生き急ぐ現代のわれわれに、反省を迫る強い力がある。

プラトンの認識論の中核には「イデアの想起」という概念がある。プラトンはこの認識論に立脚して、その上に死後のプシケーの存在についての問題を構築していくのである。イデア論は『パイドン』以外にも、たとえば『メノン』、『饗宴』、『国家』などの対話篇で詳しく展開されている。それらをまとめると、イデアとは経験に先立つ純粋な概念のことである。感覚的経験（見ること、聞くこと）に基づくわれわれの認識は相対的なものであり、イデアの影にすぎない。たとえばわれわれは紙の上に三角形を描き、その性質について論じることができる（内角の和が一八〇度である、など）。しかし実際に描かれている三角形は「真」の三角形ではない。紙の表面は厳密に言えばでこぼこで、描線は少しずれているだろう。つまり実在する三角形は常に不完全であり、真の三角形ではない。しかしわれわれが三角形について論じることができるということは、われわれが真の三角形について何らかの知識を持っているからだろう。それが三角形のイデアである。プラトンによれば、真に実在するのはイデアのみであり、われわれの感覚する世界は仮象にすぎない。われわれが何かを新たに学習したり理解したりするというのは、実際は誕生前に獲得したイデアを想起しているのである。たとえばAさんの写真を見る。するとわれわれはすぐそれがAさんだとわかる。この「わかる」ということは、その写真がAさんそのものだということではなく、その写真からAさんを想起する、ということである。つまり理解にはつねに記憶が関わっている。三角形の性質について理解するというのも全く同じことで、目の前にある不完全な三角形を見たとき、それが不完全なのに三角形だとわかるのは、真の三角形（イデア）を想起しているのである。こういうことが可能なのは、もともとわれわれのプシケーがイデア界に属しているからである。イデア界からやってきたプシケーが身体に入り込むことで人間は成立している。人間が誕生するときにイデア界からプシケーが身体に入り込み、イデア界のことを忘却してしまう。認識とは一度忘却したイデア界を再び思い出すことに他ならない。プシケーは身体の中に捕らわれているが、イデア界を思慕し続け、死後も不滅である。

さて、『パイドン』における魂の不死の証明を紹介しよう。(1) 物語はソクラテスが死刑になる朝の場面から始まる。ソクラテスが、これからすぐに死刑が執行されようとしているのに、全く動じない。それを不思議に思った弟子たちがソクラテスに質問をし、対話が始まる。まず自殺の罪悪性について少し語られた後、ソクラテスは「哲学とは死の練習である」という有名な発言をする。ソクラテスによれば、死とは魂と肉体の分離である。肉体による世界の知覚は、真理を明らかにしない。真理は思考によってのみ明らかになる。従って哲学者は肉体を侮蔑し、魂だけになろうとする。ゆえに「死んだときに初めて魂は肉体から離れ、自分自身になるだろう」（三六頁）「正しく哲学をしている人々は死ぬことの練習をしているのだ」（三八頁）。だから、ある人が死にのぞんで怒り嘆くなら、その人は知恵を愛する者ではなく肉体を愛する者であることを意味する。

これに対し、弟子の一人が疑問を提起する。すなわち、魂は肉体から分離すると息や煙のように外へと出て行って拡散消滅するのではないのか。死んでも魂が存続し知恵を持ち続けるということを認めるには、魂が存続するという証明が必要である。この質問に、ソクラテスは魂の不死性を二つの方向から証明する。一つは「循環による証明」、もう一つは「想起説による証明」である。循環による証明とは以下のようなものである。あるものがそれ自身と反対のものを持つ場合、一方は他方から生まれる。大きいものは小さいものから生まれ、遅いものから速いものが生まれる。この場合、生成は必ず二方向ある。つまりAからBが生まれ、BからAが生まれる。たとえば睡眠から覚醒が生まれ、覚醒から睡眠が生まれる。それと全く同じで、死は生より生まれるのだから、生は死から生まれる。ということは、この生と死の循環の中で、魂は常に存在し続けなくてはならない。したがって魂は死後も不滅である。

想起説による証明とは以下のようなものである。すでに説明したように、あることを新たに学習するということは、イデアの想起である。たとえばわれわれは「等しさ」ということを個々の事物（「ある石が他の石と等しい」、「この木はあの木と等しい」）を越えて知っている。なぜなら個々の事物は見る人によって等しかったり等しくなかったりということがあるが、「等しさ」そのものが人によって等しくなかったりはしないからである。この普遍的な「等しさ」の概念（イデア）を得るためには、見たり聞いたりという感覚的な経験では全く不足である。「感覚のうちにあるすべての等しさがかの等しさそのものに憧れながら、それに不足している」（六二頁）、つまり「それらの感覚を用いる以前に、われわれは等しさの知識を得ていた」（六三頁）ことになる。それなら、生まれる前にその知識を得ていたのだろう。つまり、「魂は人間の形の中に入る前も、肉体から離れて存在していたのであり、知力を持っていたのだ」（六六頁）。

このイデア論による論証は非常な説得力を持っていた。しかしさらに別の弟子が反論を行う。すなわち、肉体と魂の関係は、竪琴とそれから生み出される和音（調和）の関係に似ているのではないか。前者は目に見える物体であり、永続せずに滅び去るものである。後者は目に見えない非物体的なもので、神的なものである。しかし竪琴をバラバラに破壊すれば、もはや調和は失われる。同じように、魂が何らかの調和であるならば、肉体に変調が起きれば魂は直ちに滅びてしまうだろう。ソクラテスの答えは以下のようなものである。第一に、調和説は想起説と矛盾する。調和が生ずるのは、竪琴が存在してからのことである。しかし想起説では、魂の存在は肉体に先立つ。第二に、魂が調和であるなら、弦の調律によって和音が変わるように、それを構成する楽器（肉体）の物理要素に支配される。つまり調和は構成要素に追随する。しかし魂は逆に構成要素を支配するものである。これらから、魂は竪琴の調和のようなものではないと言える。

最後に別の弟子がもう一度反論する。イデア論は、生まれる前から魂が存在することは証明するが、死後も魂が永続するという強い論証にはならない。なぜなら、魂が肉体よりはるかに長命で、複数の肉体の間を移り続け生まれ直していったとしても、次第に魂も疲労困憊して何度目かの肉体の死とともに滅びてしまう可能性があるから。これに対するソクラテスの答えは難解だが、最終的に「霊魂不滅の最終証明——イデア論による証明」というものが登場する。あるイデア的なものがある事物を占拠すると、その事物はそのイデアの性質を持つと同時に、そのイデアと反対のイデアの性質についてもある特徴を持つ。たとえば「三」のイデアがある事物を占拠すると、その事物は三であると同時に奇数でもあるので、それには偶数のイデアは決して近づかない。つまり三は奇数的であると同時に非偶数的なものだ。同じように、身体の中に魂が生ずると身体は生きたものになる。生の反対は死である。したがって魂は生的であると同時に不死的なものである。これが魂の不死性の証明である。

このようにプラトンの思想では、イデア論という認識論が基礎となって、心の不死性や社会倫理が導かれていることがわかる。プラトンにおいては、これらは決して切り離すことのできない、不可分の問題なのである。しかし最後の「奇数と偶数は相互に背反なので、奇数は同時に非偶数である。同様に生と死は相互に背反なので生的である魂は同時に非死的である、つまり不滅である」という議論は、「Aは非Aではない」という循環論におちいっているようにみえる。魂の不死性の証明といっても、やはりそれはいくつかの面で古代的で奇妙な理屈に感じられる。だがこれらの議論はその後の時代に行われた心に関する多くの理論の原型を示しているのである。「哲学は死への練習」という言葉は、人がなぜ思考するのかという問題の本質を言い当てたものであり、その強靭さは全く古びていない。魂の循環についての議論（「輪廻転生説」に近く、実際に当時のプラトンはピタゴラス学派の輪廻説に傾倒していたらしい）は、人間の生を一回限りの人生に限定せず、個人を越えた世界を示す。現在の生における行為が次の生における運命を決めるので、輪廻説は倫理の基礎ともなる。理解とは想起である、というのはその後の哲学史に大きな影響を及ぼし、現代の言語学や哲学でも重要な問題である。調和説は、その後の多くの「心の身体的な説明」の原型となっている。

アリストテレスのプシケー論

古代思想についてはプラトンの紹介で十分かもしれない。しかし次に、あえてアリストテレスについて述べる。理由は二つある。一つは、以下で述べるようにアリストテレスが「世界最初の心理学書」と称される著作を残しているからである。もう一つは、本書の主要なテーマである近代の科学思想は、アリストテレス思想に対する直接的な批判として形成されるからである。

アリストテレスは紀元前四世紀の末にマケドニア地方で生まれ、プラトンの創設したアカデメイアで学び、古代ギリシアにおける最大の知識人となった。「万学の祖」と言われ、驚くほど広範な学問分野を体系化した。彼はそのために多くの新たな概念を作り出した。たとえば「具体的－抽象的」などという、われわれが現在でも日常的に用いる基本的な概念もアリストテレスが作り出したものである。また三段論法（A＝BかつB＝CならばA＝Cである）などの論理学もアリストテレスが体系化したものである。よく俗にプラトンと比較して、プラトンは直感的・思弁的だがアリストテレスは論理的・実証的などと言われる。もちろん実際はそれほど単純ではないようである。しかしアリストテレスの学問的姿勢がプラトンと大きく異なることは間違いない。アリストテレスはその驚くべき広範な興味の中でも、特に生物に強い関心を持っていた。様々な動物の身体を実際に調べて比較し、動物分類学を創始した。その態度は極めて実証的で、観察的事実を重視した冷静なものであった。アリストテレスはフィールドワークを重視する実証的な生物学者の風貌を持っており、理想的な社会体制と政治について考え続けたプラトンとは人間のタイプがずいぶん異なる。

われわれにとって重要なことは、アリストテレスが心の問題を主題とした本を書いていることである。かつては『霊魂論』という題名で知られた本で、世界最初の心理学書と言われる。原題名はギリシア語でPeri Psychesで、ラテン語ではDe Animaであり、素直に訳せば「プシケーについて」である。最近の訳書も『心とは何か』という題名を採用している。[2] 翻訳者は「プシケー」を「心」と一貫して訳しているので、以下でもアリストテレスの地の文を引用するときはそのまま「心」と書く。

この本は三巻構成になっており、第一巻ではプラトンを含むアリストテレスに先行する哲学者のプシケー論が紹介され、批判されている。第二、三巻ではアリストテレス自身のプシケー論が述べられている。この本の与える印象は、プラトンの対話篇とは大きく異なっている。対話篇は平易な言葉を用い、比喩を多用し、詩的な優雅さがあり、読みやすい。これに対し、アリストテレスの本は、彼自身の作り出した多くの概念が、極めて緻密な論理によって相互に結びついており、論理的だが、抽象的で読みにくい。たとえば、「心とは何か」の最初の方では、「まず第一になすべきことは、心はどの類に含まれ、また心とは何であるかを決定することである。つまり、心は、この何々、つまり実体なのか、それとも性質なのか、それとも量なのか、それとも区分された他のカテゴリの一つなのだろうか」（一二頁）という調子である。まさに論理学の創始者にふさわしい文体である。

第一巻で、アリストテレス以前の哲学者の説を紹介し批判を加えている。その部分を読むと、ギリシア語のプシケーという語のニュアンスがよくわかる。たとえばデモクリトスはプシケーとは一種の火で、動物に運動を提供するものであると考えたという。そして生命を規定するのは呼吸であるという。これはプシケーという語が「息」という意味も持っていることに対応しており、「心」というより「生命」というニュアンスが強く感じられる。アリストテレスにおけるプシケーも、以下で示すように生命機能のことである。またプシケーはあらゆる元素を知覚可能だから、それはすべての元素を内に含んでいなくてはいけない、という一種の原子論や、上述のプラトンが批判した「調和説」なども論じられている。これらをまとめてアリストテレスは、「すべての人は、心をいわば三つ、すなわち、運動と感覚と非物体性、という点で規定している」（三二頁）とまとめている。

続いて第二巻の冒頭で、アリストテレスは心についての定義を与えている。それは心とは「可能的に生命をもつ自然的物体のいわば形相」（七〇頁）というものである。アリストテレス独自の用語による定義で、これのみでは全く理解不能である。どうやらこれは「心とは生命の機能や能力のことである」という意味のようだ。アリストテレスの基本的な用語に、「形相」と「質料」というものがある。英語ではそれぞれ form と matter と訳されているので、これも素直に日本語にすれば「形と物」ということになるだろうか。たとえば「目はものを見る」という文の場合、「目」という名詞が質料で、「見る」という動詞が形相であるという。そして「目が動物であったとしたら、心はその視力ということになるだろう」（七三頁）とも述べている。この場合、形相とは「機能」に近い意味で使われていることがわかる。つまり心とは生命の形相、すなわち生命という名詞に対応する「生きる」という動詞的なものだということだ。実際に、ギリシア語では生命（生物）を「エンプシューコン empsychon」と言うそうである。これは「プシケーを内に含んだもの」という意味である。これは上述のデモクリトスの思想と同様に、プシケーが「息」を意味するということを考えればよく納得できる。

生物学者であるアリストテレスは、プラトンの言うような身体に捕らわれた実体的なプシケーという考え方を廃し、生命機能として定義し直そうとしたのである。したがってこの本は、心の本であるとともに生物学の本であるのだろう。すなわちアリストテレスが取り扱っているのは、「心とは何か」にとどまらず「生物とは何か」という問題なのである。ちなみに、このように生物の機能と能力しての心ということを考えると、人間以外の生物も心を持つことになる。アリストテレスは、植物‐動物‐人間と続く「三段階説」を唱えた。すなわち、すべての生物は心を持ち、その基本的機能は植物にみられるような栄養の摂取と生殖の機能である（心理学史などでよく「栄養霊魂」という不可思議な訳語で登場することがある）。動物の心は、これらに加えて「感覚」という機能を持つ。さらに人間になると「理性や思惟」という固有の機能を持つようになる。

また、生物は身体という質料と心という形相を持つものであり、身体と心は不可分である。すなわち、心を生物の身体の持つ能力ととらえているのだから、心と身体の分裂など生じようがない。アリストテレスの「形相」の概念はプラトンのイデア論を批判的に継承したものであるという。しかしプラトンが身体を魂の牢獄ととらえ、身体と心を切り離してしまったのとは対照的に、アリストテレスは一貫して身体と心を一体のものとして考えている。

心の定義を示した後、アリストテレスは続いて「以下のどれか一つがそなわっていれば、私たちは、それを生きていると言う。すなわち、理性、感覚、場所的な運動と制止、さらに栄養に関わる運動、すなわち衰退と成長である」（七六頁）と言う。続いて「心とはいま述べたような能力の原理であり、それらの能力、すなわち栄養摂取能力、感覚能力、思惟能力、運動能力によって定義される」（七八頁）と議論を進めていく。すなわち心を生物の身体の機能や能力と定義したので、その後は生物の能力についての「物理的」な説明に入っていくのである。これらの能力のうち、アリストテレスは「感覚」の能力について非常に多くを記述しており、第二巻の半分以上をいわゆる五感（視覚、聴覚、嗅覚、味覚、触覚）の分析にあてている。第三巻ではさらに複雑な問題を扱い、共通感覚、心的表象、理性、欲求などの概念が登場する。章立てだけを眺めると、現代の心理学概論と似たところがあり、なるほど世界最初の心理学書だ、という印象を受ける。しかしそれはおそらく表面的な印象にすぎない。一つの重要な点で、アリストテレスの心理学は現代の心理学と大きく異なる。それは、単純な唯物論を採用していないという点である。アリストテレスはプラトンのイデア論を批判的に乗り越えて、身体を離れた実体としての魂とその不滅性という思想を批判した。しかしアリストテレスは「死ねばすべて終わり」とは考えなかったようである。具体的には、理性は不滅であり、宇宙に偏在すると考えた。これは第三巻第五章の「光と理性のアナロジー」についての考察に現れている。しかしアリストテレスの文章は筆者には難解すぎる。以下の説明は、『心とは何か』の訳者の解説に依拠している。

アリストテレスは、栄養摂取、運動、感覚など、生物の身体が持つ機能としての心には、それぞれ対応する身体的器官があると指摘した。しかしアリストテレスによるとこれには例外があり、人間のみにある「理性」という能力には対応する器官が存在しないと考えた（脳を理性の器官とは考えていないようである）。また、理性が活動するためには外的なものは必要ではない。理性は純粋に自発的なものである。

さて、視覚の対象は色である。色は光なしには見えない。また色を持つ物体を視覚器官の上に直接置いても、何も見えないだろう。つまり光によって媒介されて初めて視覚は成立する。「むしろ、色は透明なもの、たとえば空気を動かし、そして、この連続体である空気によって感覚器官は動かされるからである」(一〇八頁)。これは現代の心理学でいう「遠感覚」という概念とほぼ等しい。触覚や味覚のように、感覚の原因となるものが感覚器官に直接接触する場合を近感覚という。これに対して、聴覚や視覚のように感覚の原因となるものが感覚器官から離れていて、媒質を通じて作用する場合を遠感覚という。

そして、アリストテレスは理性を視覚における光のようなものだと言うのである(光のアナロジー)。「すべてのものになるという点で、そのような理性があり、他方、作用するという意味で、そのような理性がある。後者はいわば光のように、ある種の状態である。というのは、ある意味では光もまた、可能態にある色を実現態にある色にするからである」(一六四頁)。つまり、「外的刺激」が視覚の対象になるように作用するのが光である。同様に、何かが思惟の対象になるように作用するのが理性だと言うのである。これは論理的のみならず、極めて直感的で鮮烈な印象を与える比喩である。暗闇に光が差し込むことでそこに視覚が成立する。同じように、蒙昧な暗黒の世界に「理性の光」が差し込むことで思惟が成立する。アリストテレスはさらに、この光のアナロジーを用いて理性の不滅性と遍在性を証明する。つまり、光は色と視覚を仲介する媒体であるが、動物が死んで感覚能力が失われても、光は失われない。同様に、理性は思惟の媒体であるが、人間が死んで思惟能力が失われても、理性は失われない。したがってアリストテレスの言う「理性」は、人間の身体的な機能と能力を超越したものである。これは明らかにプラトンのイデア論を継承する思想であり、イデア論と同様に人間の知覚世界を超越した「不滅の何者か」を想定している。生命の三段階説によれば、理性と思惟の能力を持つのは人間だけであるから、不滅の理性の恩寵にあずかる特権を有しているのは人間のみである。「理性は、分離されているときに、ただまさにそれであるところのものであり、それだけが不死で永遠である」（一六四頁）。

アリストテレスの心観をまとめると以下のようになる。心とは身体を離れた実体ではなく、生命の機能と能力のことである。それは栄養摂取、運動、感覚などからなり、純粋に物理的な研究・解明も可能である。しかし理性のみは生物学的制約条件を超越したものであり、不死性、不滅性を有する。アリストテレスの『心とは何か』という本は、筆者の提起した心についての三つの問題のうち、主として認識の問題に目を向けている。死後の存在に関しては慎重な態度を取りつつも、認識論の帰結として理性の不死性という結論を導き出している。しかしそれは個人的な「心」ではなく、さらに大きなものを志向している。一方この本では倫理の問題を正面から取り上げているようにはみえない。しかしアリストテレスは倫理学の創始者でもあり、『ニコマコス倫理学』という大著も残している。ここで紹介したアリストテレスの思想は、彼の壮大な学問体系のごくごく一部に過ぎないのである。

4　現代の心観

以上述べたような古代思想は、死後の生、倫理、認識、という心をめぐる問題について極めて体系的な説明を試みていることがおわかりだろう。これらは一つの世界観であり、心という問題を非常に幅の広い視点から眺めたものである。つまり心についての「大きな絵」である。そしてもちろん現代には現代の心観が存在する。しかし学問としての心理学は、これらすべての問題を取り扱えるわけではない。個別の学問としての心理学の手におえる問題ではないことは、最初から明らかである。実際に、こうして順番に書いてみるとつくづくと感ずるのであるが、心という言葉の広さと重さに比して、心理学の取り扱える問題の幅は実に限られている。しかしそれにはそれなりの理由が存在するのである。

現代における「大きな絵」とはどのようなものだろうか。第一の問題についてははっきりしている。すなわち、私の意識主観とは私の生命の表われであり、したがって死後は存続しない。これは現代を特徴づける基本的な心観の一つである。つまり、現代の日本人に「死んだらどうなる?」と問えば、大多数の人は「死んだら終わり」だと答えるだろう。それが常識的な答えだ。しかし「死んだらどうなる」という問題はものすごく切実なのに、現代社会ではこれをあまり表立って問題にすることははばかられる。人の誕生も死も病院の密室内で生起し、日常で目撃されることは非常に少ない。それは死への不安、あるいは生命というものがはじめから持つ、一種のグロテスクな側面をわれわれが隠蔽したいからなのだろう。しかも死について真剣に語ろうとすると、すぐに「怪しい宗教」になってしまう。そのためわれわれはなかばやむを得ずに、素朴で冷静な科学者としてふるまい、唯物論を語るのである。そうしないと友人を失うだろう。もちろん積極的に死後の世界を否定せず、死後の世界についてはあるともないともいうことはできないとする「不可知論」の立場をとる人も多いだろう。

第二の問題についてもわれわれの多くは結論を持っている。すなわち、善悪の根拠などというものはない。何が正しく何が間違っているかは、時代や文化や個人によって異なる。したがってあまり自分の意見を他人に押しつけてはいけないし、押しつけられるのもごめんである。善悪についてあまり声高に語ると、死の問題の場合と全く同じで「怪しい宗教」になってしまう。しかし倫理についての問いを避けるなら、われわれはすべての行為が相対化された、善も悪もないバラバラの世界に住むことになる。そういう世界にわれわれは耐えられるのだろうか。たとえそれが世界の実相であっても、われわれはそのような混沌の世界で生きていくことができるだろうか。このような重要な問題を考察することが「怪しい宗教」であるはずがない。

第三の問題についても結論が出ている。心の持つ認識能力とは、「脳」の能力に他ならない。これは現代の心観のもっとも基本にある考え方である。すなわち心とは脳の働きのことである。だから死んだら終わりなのである。まっとうな教養ある現代人なら、ほぼ確実に「心＝脳」という確固たる心観を持っているだろう。実際に、心を脳の機能と見なすことから現代社会の様々な倫理が生まれ、われわれの行動を規定している。たとえば死の定義である。ここではくわしく述べることができないが、「心＝脳」だから「脳の死」が人間の死であるということになるのは極めて当然のことである。だから心臓や他の臓器が生命活動を続けていても、脳の「高次機能」（生命維持の基本的機能や、単なる運動・感覚の能力を超えた、意識や言語に関わる機能のこと）が停止した瞬間にその人は死んだことになる。つまり人間の尊厳は脳の高次機能と等価であり、脳の高次機能の停止はその人を「人間扱い」することの停止である。だから他の臓器は移植に用いることが可能となる。この倫理観に基づき、脳死と臓器移植に関する法律が整備されている。このように現代の心観とは「心＝脳」ということであり、われわれはこれをほとんど疑わない。

しかし心理学を真剣に追究しようとするならば、われわれはこの堅牢な現代の心観を批判的に考えなくてはならない。実際に、この「心＝脳」という心観は歴史的な背景を持っており、非常に新しいものである。すでに見たように昔の人々は違う心観を持っていたし、文化によって異なる心観があった。次章以降、心理学をめぐる様々な問題を取り上げるが、常に「この大きな絵」を意識して考察を進めていこう。

次章では、学問としての心理学の概要を、心理学概論風ではなく、その「目的と方法」という視点から示そう。時代は古代ギリシアから一気に現代まで飛び、話は極めて具体的になる。歴史や思想はいったんわきにどけて、まっすぐに現代の心理学の本体へと飛び込んでいくことにしよう。

引用文献

（1） プラトン『パイドン』（岩田靖夫訳、岩波書店、一九九八年）
（2） アリストテレス『心とは何か』（桑子敏雄訳、講談社、一九九九年）

第二章　現代心理学の姿

1　心理学の対象と方法

まず現代の心理学の対象と方法について、非常に乱暴に単純にまとめてしまおう。学問としての心理学の研究対象は心の働き（精神機能）であり、研究の目的は主観的な世界で生じている様々な心の働きを客観化することである。しかし心の働きは直接に見ることはできず、そのまま研究対象とすることはできない。そこで心理学は、精神機能の反映である「精神作業の成績」を研究対象とする。つまり心理学の方法とは、生きた人間に対して精神作業を課し、その応答を測定することである。おそらく読者の多くはこの説明に違和感を覚えるだろう。特に方法については、非常に変な感じがするのではないだろうか。しかしこの違和感こそが大事なのである。

問題の本質は、自分以外の人間の主観的世界を直接に知ることはできないという、全く当たり前の事実である。「心理学」を外から見ると、その中には何か秘術のようなものが隠されていて、その術を用いれば他人の主観世界を直接に知ることができるのではないかと思ってしまう。序論で述べた、大学の新入生諸君が想像していたと思われる心理学は、おそらくこうした秘術的なものだろう。これが心理学のオカルト的イメージである。つまりテレパシーのようなものがあるかもしれないと思うから、上記の「方法」に違和感が生ずるのである。しかしテレパシーはたぶん存在しない(存在するかどうか自体が心理学的研究のテーマであるとは言えるだろうが)。

心理学には秘術はなく、人間は自分以外の主観的世界を直接に知ることはできない。では他者の主観を知るにはどうしたらよいのか。それは、他者に働きかけて何か反応を引き出すことによってのみ可能になる。最も簡単な方法は直接に本人に問うことである。たとえば社会心理学者が、「若者の政治的態度は親よりも友人から大きく影響を受けるのではないか」という仮説を立てたとしよう。テレパシーはないので、本人に聞く。「あなたの政治的態度は親と友人とどちらの影響が大きいですか?」テレパシーなしに他者の主観を知るにはこれしかないだろう。だがこれはあまり頼りになる方法ではない。他者の主観世界が知りたくて、おずおずと「あなたは何を考えているの?」と聞く。これは恋人同士の会話としては美しいが、学問の方法としては全くあてにならないだろう。なぜならば答えは嘘かもしれないし、いい加減に答えるかもしれない。相手の望む答えを想像してそれに合わせる、ということさえあるだろう。またそもそも人間に自分の主観世界を正確に言語的に表現する能力があるかどうか、はなはだ疑わしい。そこで心理学は、「直接本人に聞く」という方法を越えて、もっと巧妙に考え抜かれた作業課題を構築し、その応答を厳密に測定するのである。そして応答を詳細に分析することによって、人間の主観世界を推論することが（ある程度）可能になるのである。

2　具体例――誤った信念課題

しかし、精神機能を推定するための精神作業と言われても、読者はなかなかぴんとこないだろう。これは具体的な例を出すのが一番わかりやすい。発達心理学の分野で始まり、今では非常に広範な問題に適用されている「誤った信念課題」を紹介しよう。発達心理学だから子供が実験参加者である。テーブルをはさんで、参加者と実験者が対面して座る。テーブルの上には人形が二体と、二つの形の違う小箱と、おはじきが一個ある。実験者は以下の説明を行う。「では少しお勉強しましょう。お人形が二つありますね。これが花子さん、こっちが太郎君です。花子さんと太郎君はおはじきで一緒に遊んでいます（人形を手に持って遊ぶような動作をする）。花子さんはこのおはじきをこの四角い箱に入れました（実際に入れてふたをする）。すると隣の部屋からお母さんが花子さんを呼びました。花子さんは隣の部屋に行きました（花子さんの人形を隠す）。太郎君はこっそりとおはじきを四角い箱から取り出し、丸い箱に入れてふたをしました（実際におはじきを移動させ、ふたをする）。そこへ花子さんが戻ってきました（花子さんの人形を再び出す）。花子さんは引き続きおはじきで遊ぼうと思います。さて、花子さんはおはじきを取り出すために、四角い箱と丸い箱とどちらのふたを開けるでしょうか」。ここまで説明して、子供に答えさせるのである。正解はもちろん「四角い箱」である。

こんな単純な遊びのようなことにどういう意味があるのか。実は非常に本質的な問題に関わっている。この課題に正答するためには、「目の前の現実」と人の「心の世界」が食い違う場合があるということを正確に理解していなくてはならない。目の前の現実においては、おはじきは丸い箱に入っている。しかし花子さんはそれを知らないので、おはじきは依然として四角い箱に入っていると思っている。すなわち花子さんの主観は、現実について「誤った信念」を持っているわけである。他者が現実と異なったことを考えている場合があるということを理解するのは、他者の主観性を推論することの基本である。それは極めて複雑な能力である。この能力のことを「心の理論」と呼ぶことがある。(1)「心の理論」とは、普通の人間が日常で用いる、他者の心についての素朴な理論のことである。つまり自分の主観の世界とは別に他者には他者の主観的な心の世界があり、しかもその内容は現実と一致しないこともある、という理解である。五歳以下の幼児はこの課題を正解することが難しいとされている。幼児は目の前の現実に引っ張られてしまい、他者の心の中を想像することができないということである。また対人関係に困難を示す「自閉症」という障害を持つ人は、この課題の成績が著しく低いことが知られている。この事実は、自閉症者のかかえる問題の本質が、他者の主観世界を推測する能力に関わるものであることを示唆する。またこの能力は、後で述べる、他者の心を読む能力を発達させることでヒトはヒトに進化したという、進化心理学の主張の核心に関わる。

ここでは、この課題を心理学研究における「精神作業」の一例として紹介した。しかしこの課題は単なる例をこえた重要な意味がある。すなわちこの課題は、複数の人間が互いの主観を推論しあうという状況の一つの雛形となっているのである。したがって人間が心について考えるということに関して、非常に重要なことを示してくれる。それは上述したとおり、他者の主観は間接的に推論することによってしかわからないという、極めてあたりまえの事実である。それは心理学に限った問題ではなく、われわれ人間の日常生活における本質的な側面なのである。この推論がうまくいけば人間関係が円満となり、失敗すれば人間関係は険悪となるだろう。またこの推論プロセスを巧妙に操作することで、相手に錯覚を起こさせることに成功すれば、立派な手品師になれる。あるいは詐欺師になれる。われわれの日常の幸福と、この推論プロセスとは深い結びつきがある。

3　現代心理学の諸分野とその関係――二重四環モデル

以下の章で詳しく説明するように、心理学はごく短期間に極めて複雑な歴史的発展を遂げた。これらの結果として存在する現代の心理学は、分野もテーマも実に多岐にわたり、極めて錯綜として

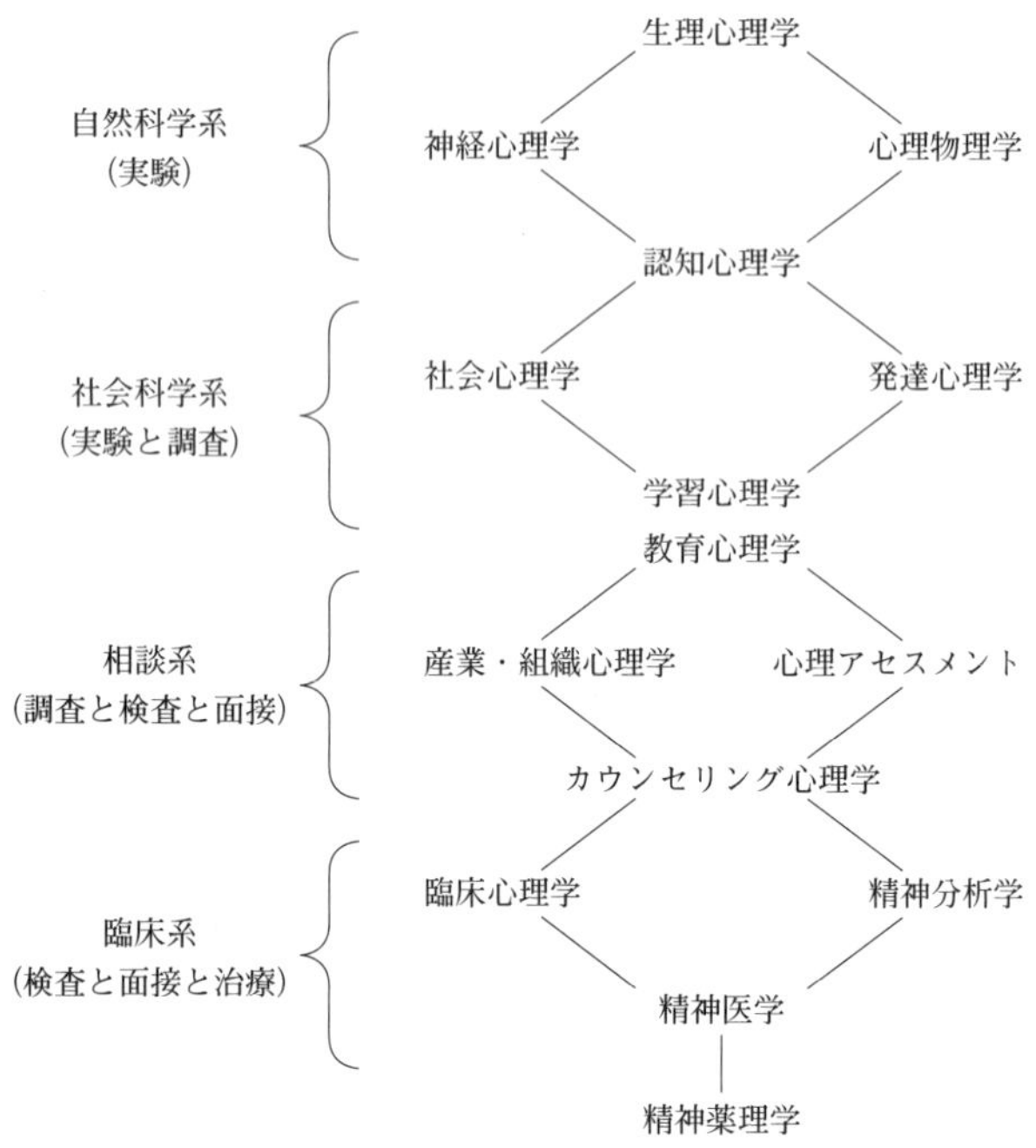

図１：二重四環モデル

いる。心理学を初めて学ぶ学生は、まず「知覚」というテーマで眼や耳の生理学的構造の話（代表例＝網膜における錐体細胞と桿体細胞）などが出てくるので面食らい、さらに精神分析の飛躍した論理と不思議な用語（代表例＝肛門期固着）にさらに面食らう。そしてこれらがともに心理学なら、心理学とはいったい何なのか、と悩む。初学者にとって心理学は、構造化されていない断片的な知識の集積にすぎないようにさえみえる（しかし後の章でみるように、歴史を学べばしだいに構造がみえてくる）。心理学の全体を総合的に整理することは困難であるが、ここではあえてそれに挑戦してみよう。これを「二重四環モデル」と呼ぶ。ただしこのモデルは筆者のオリジナルであり[(2)]、普通の教科書には登場しないので、眉につばをつけて読んでいただきたい。図1を見ていただこう。四つの領域が環をなし、合計で四つの環がある（だから二重の四環と呼ぶ）。さらにそれらの環はある領域によって結合している。そして環の両端はさらに結合している。つまり全体としては輪になっている。ちょっと複雑な三次元構造であるが、おわかりだろうか。ビーズで作った指輪のような形である。こうした構造が形成された経緯については、第四章で詳述する。

一番上の環には自然科学的な領域がある。この環に含まれる分野は、生理心理学、心理物理学、神経心理学、認知心理学である。もっとも先鋭的なのは「生理心理学」で、この分野は脳波、筋電、呼吸などの生理学的指標を測定し、さらに単一の神経細胞の電位を測定するなど、純粋な生理学へとつながっている。生理心理学と生理学の境界はあいまいなものである。「心理物理学」は、物理量（たとえば光の波長）と心理量（たとえば見えた色）の関係について厳密な測定を行い、人間を総体として取り扱う行動実験に基づきながら、生理学的な水準の仮説を提案することさえある。「科学的心理学の中でもっとも成功した分野」とさえ言われる。実際に、詳述する余裕はないが、心理物理学と生理学の連携は、二〇世紀末に視覚システムに関する「標準モデル」を完成させている。「神経心理学」は、不幸にも病気やけがなどで中枢神経系に損傷を受けた人を対象とし、損傷によって失われた精神機能を測定することで、中枢神経系の構造と機能を対応させる分野である。

生理学や医学と心理学の境界にある分野である。「認知心理学」は、人間の認知機構を情報処理プロセスとして把握し、知覚、記憶、言語など広範な問題を扱う。他の領域に著しい影響力を持っている。神経心理学と連携し、脳の機能モデルを形成しており、また生理心理学との結びつきも強い。認知心理学における知覚研究では心理物理学的知識は不可欠である。このように、認知心理学は現代の実験心理学のかなめであり、また次に述べるように社会科学的な心理学との媒介役ともなっている。この環における主要な方法論は「実験」である（方法論については後述する）。

二番目の環にはアメリカで誕生した社会科学としての心理学が並ぶ。それらは認知心理学を仲立ちとして実験心理学の環と結合している。この環には認知心理学、社会心理学、発達心理学、教育心理学が含まれる。「発達心理学」は子供の認知発達を伝統的テーマとしており、認知心理学との距離は極めて近い。また、子供の発達は社会化の過程でもあるから、社会心理学とも密接に関連する。また当然、「教育心理学」の基盤には発達心理学がある。「社会心理学」はそれ自体独立した広大な学問体系を持つ。たとえば性格の研究などは社会心理学に含まれる。なぜなら性格とは他者との関係の個人差のことであり、社会的なものだからである。認知心理学の影響を受け、「社会的認知」という分野も生み出している。この「社会科学の環」は、大学で学ぶ心理学の中核であり、もっとも「典型的な心理学」の領域であると言えるだろう。この環の主要な方法論は「実験」と「調査」である。

三番目の環は「相談系の環」で、社会科学系の心理学に基盤をおきつつ、個人の精神的健康の増進など、社会的実践を重視する分野が含まれる。教育心理学を通じて社会科学の環とつながっている。この環には心理アセスメント、カウンセリング心理学、産業・組織心理学などが含まれる。心理アセスメントとは、いわゆる「心理テスト」を用いて性格や知能などの個人差を評価する分野である。この環の主要な方法は、「調査」と「検査」と「面接」である。

四番目の環は「臨床系の環」で、病理学的な水準の心の悩み（やまい）に対して、治療的に関わる分野が含まれる。カウンセリング心理学を仲立ちに、相談系の環とつながっている。この環には臨床心理学、精神分析学、精神医学が含まれる。このうちもっとも重い病理を扱うのが「精神医学」で、幻覚、妄想などのはげしい精神症状に対して薬物療法を行う。もちろん精神医学は医学の一分野であるが、心理学との関係は深く、たいがいの心理学科では精神病理学の講義が開講されており、教員に精神科医が含まれている大学も多い。この環の方法は、「検査」と「面接」と「薬物療法」である。

そして、四番目の環のもっとも端にある精神医学の先には、精神薬理学がある。この分野は、中枢神経系における神経伝達物質の構造や機能についての、生理学的な研究を行う。これはもちろん心理学には含まれないが、その成果から様々な「向精神薬」が開発され、精神科の臨床において強力な武器となっているのである。すなわち、実験心理学から順番に下におりてきたその先には、ふたたび生理学が現れる。だから全体として輪の構造をなすのである。美しいモデルである。というか、美しくなるように筆者が無理矢理に作ったのであり、そこにはおそらくいくつかの不正確さが含まれている。しかしモデルとはそういうものであり、教育的なツールとしては有効である。

このモデルの上下の軸は、扱う対象の複雑さ（上に行くほど単純）と科学性（上に行くほど科学性が保証される）を表している。上に行くほど「自然科学的」ですっきり単純な問題を扱い、数学的な手法が通用する。下に行くほど「人間学的」で「どろどろ」で複雑な問題を扱い、数学は太刀打ちできず、長年の経験や勘というものが大切になる。歴史的には、後述する心理学の開祖であるヴィルヘルム・ヴントの最初の著書が『生理心理学』であったことからもわかるとおり、上の環から形成されたと考えられる。しかし同時にジグムント・フロイトの精神分析学は早くから四番目の環を形成していた。この両極が接続可能になったのは、社会学的分野の進展と、精神薬理学の発達によることが、図からも明らかである。しかしもちろん、まだ完全には結びついているとは言えない。これらの四つの環は、ともすればお互いの存在を忘れ、自分の分野だけが本当の心理学だと確信していることさえある。

4　心理学の四つの方法

いかにして他者の主観世界をうまく推論するか。心理学はこの問題を解決するために様々な方法を生み出してきた。それらは大きく四つに分類することが可能である。分類というものはだいぶ恣意的なものであるし、少々退屈なものでもある。そこで以下では、「言語的 VS 行動的」と「直接

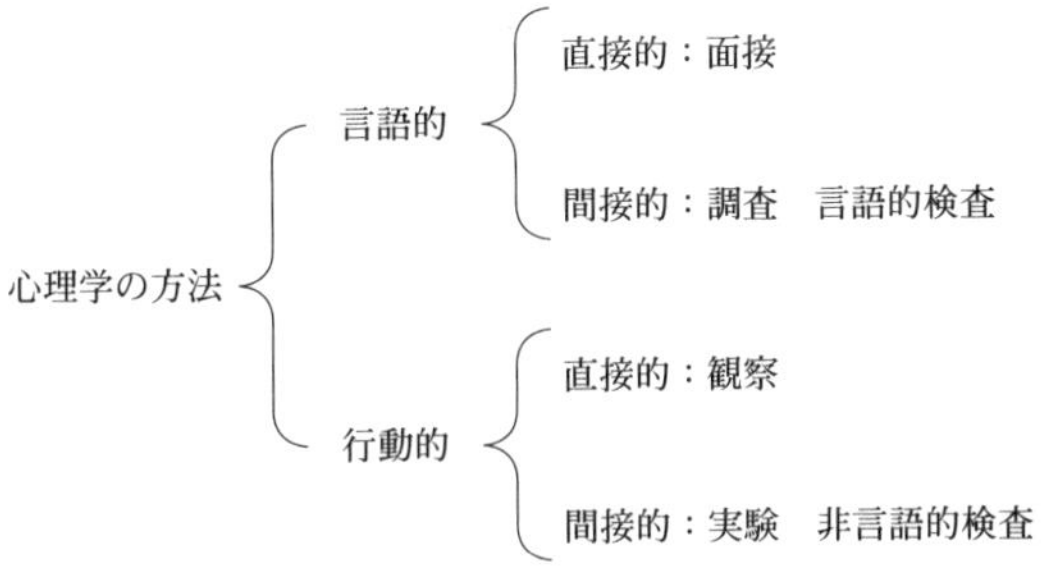

図２：心理学の４つの方法とその相互関係

的 VS 間接的」という二つの次元を導入し、そこから四つの方法を導くという「演繹的」な姿勢をとってみよう。図2をごらんいただきたい。

まず、他者の主観とか内面生活について知りたければ、大きく分けて二つの方法がある。第一に、言語を用いることである。上述のように、「あなたは何を考えていますか」と聞く。これが他者の主観についての情報を得る基本である。しかしこれもすでに述べたように、この素朴で素直な方法にはいくつも問題がある。嘘をつくかもしれないし、そもそも本人にとっても自分の主観を言葉にする能力があるとは限らないのである。特に直接的に質問するというのは、社会的に望ましい態度をとろうとか、質問者に好かれたいとか、実に様々な雑念が入る。そこで、間接的に言語的な方法を用いるということが考えられる。つまり直接聞くのではなく、質問を書いた紙を渡し、それに記入してもらうなどのやり方である。これにも限界があるだろうが、直接聞く方法とうまく組み合わせればお互いの短所を補い合うかもしれない。言語的で直接的な方法を「面接」といい、言語的で間接的な方法を「調査」というのである。

さて第二に、非言語的な方法が考えられる。他者の非言語的なふるまいに注目すれば、言語的方法では得られない様々な情報が得られるだろう。これにも直接的な方法と間接的な方法が考えられる。非言語的（行動的）で直接的な方法を「観察」と呼ぶ。そして非言語的で間接的な方法を「実験」と呼ぶ。面接、調査、観察、実験。この四つが心理学の主要な方法である。また、より統制された調査的な方法を「検査」と呼び、計五つの方法を心理学の方法とすることもある。知能検査や性格検査がこれに当たるが、それらは言語的なものと非言語的なものを組み合わせることが多い。したがって「言語的 VS 行動的」と「直接的 VS 間接的」という二つの次元にこだわってむりやり分類すると、言語的検査は調査法の一つとして、非言語的検査は実験法の一つとして分類できる。

上述した「誤った信念課題」はどのあたりに分類されるのだろうか。それは一概には言えず、用い方によって変わってくるだろう。たとえばある特定の幼児が成人並みの「心の理論」を持っているかどうかを知るために使用するならばそれは検査的なものとなる。どのような変数がこの課題の成績に影響するかという、一般的な問題をたてればそれは実験的なものになるだろう。以下でこれらの方法について少し詳しく紹介しよう。

面接法

直接の対話によって相手の抱えている問題、具体的な人間像、主観的状態などを知る方法である。いくつかの特殊な面接法（たとえば昨夜見た夢について語ってもらう、など）は心理療法の技術そのものでもある。面接には大きく分けて二つある。一つは構造化された面接である。これは何をどういう順番で質問していくか、という面接の進め方があらかじめ決まっているものである。医師の「問診」がその典型である。もう一つは、進め方が決まっておらず、その場の雰囲気でどのようにでも柔軟に展開していくもので、心理療法の一つである「来談者中心療法」がその例である。これらはどちらも「臨床」的なものだが、面接法は「学問的研究」の方法でもある。たとえば「同一性地位面接」といって、高度に構造化された質問をすることでほとんど検査法に近いことをする技法もある。しかし筆者は心理面接を実際におこなった経験がないので、これ以上詳しく説明することはやめておこう。

調査法

質問紙を用いて意見や態度などを測定する方法である。アンケート調査のような柔軟なものから、いわゆる「態度尺度」と呼ばれる統計学的に厳密なものまで様々な質問紙がある。調査法を多用するのは社会心理学である。

例として「理想的自己と現実的自己の差」という卒業研究などでよく取り上げられるテーマを考えてみよう。人間はこうありたいという自分の理想を持っている。一方で現実は厳しく、そういう理想がいつも実現できるわけではない。人には優しくしようと思ってもついつい短気を起こして怒鳴ったり、逆に人に負けない強い人間であろうとしても気が弱くて他人の言いなりになったり、人間の生活はなかなかままならない。さて、理想の自分と現実の自分がどの程度離れているかは、精神的な健康に大きく影響するのではないだろうか。つまり理想があまりに高すぎて現実がそれにとても追いつかないような場合には、精神的な健康が損なわれるのではないか。これを仮説とし、実証的に研究してみよう。そこで、まず簡単な性格検査を用意する。それには「人に優しい」とか「短気である」とか「人の言いなりになりやすい」などの項目が並んでいる。この検査に、まず「現実の自分」として回答してもらう。次に「自分の理想とする人格」をイメージして、再び同じ検査に回答してもらう。この二回分の結果を項目ごとに引き算し、その合計を求めれば、それが理想の自分と現実の自分の距離となるだろう。そして同時に同じ参加者に精神の健康度を測定する質問紙（General Health Questionaire（GHQ）などがある）を実施する。そして理想と現実の差の大きい人ほど精神的健康の数値が低くなれば、仮説が支持されたことになる。

これは単純化しすぎた例だが、調査的方法によって心理学的研究を行うというイメージは伝えることができるだろう。個人差に焦点を合わせることもできるし、一般的傾向を知ることもできる。言うまでもないが、調査法の妥当性は、参加者が誠実に本気で回答するかどうかにかかっている。

実験法

ある変数を操作することで別の変数がどのような影響を受けるかを測定する方法である。その範囲は広いが、心理学の歴史的事情、すなわちヴントが自分の心理学を実験心理学と呼んだという経緯（第四章を参照のこと）から、「実験心理学」とは知覚、記憶などの分野を意味することがある。つまり方法と同時に分野をも意味することがある。実験心理学というと、何か頭に電線をいっぱいつけられた被験者が椅子に座って、ときおり電気ショックを与えられては絶叫する、というような、奇怪なイメージを持たれる方もいるかもしれない。しかし心理実験ほど穏便で平和なものはないのである。

例を示そう。友達にやってもらうとよい。「勉強」とか「恋愛」などのような、簡単な単語二〇個からなるリストを作成しよう。ただし半分の単語には濁音（が、ざ、だ、ば行）を含むようにする。いい意味の語（希望とか）、悪い意味の語（絶望とか）、どちらでもない語（風景とか）など、できるだけバラエティのある言葉を選ぼう。リストができたら、それを順に音読し、その単語が濁音を含んでいるかどうかを判断してもらおう。別に紙を用意して、濁音を含めばマル、含まなければバツを記入してもらう。終了したら、そこまでに聞いた単語を思い出せるだけ書き出してもらう。つまりこれは記憶の実験である。しかし実験参加者は最後になって初めてそれを知る。次に別の友人に同じ単語を聞かせ、今度はその単語が好きか嫌いかを判断してもらおう。別紙に好きならばマル、嫌いならバツを記入してもらう。終了したら、そこまで聞いた単語を思い出せるだけ書き出してもらう。この二つの条件で結果（想起された単語の数）を比較してみる。二人の記憶力がだいたい同じなら、ほぼ間違いなく好き嫌いを判断した方が成績がよくなっているだろう。

これは記憶研究の古典である「処理の深さ」の実験である。(3) 濁音を含むかどうかを判断するには、単語の意味まで考える必要はない。表面的な知覚レベルの情報処理で十分である。それに対して好き嫌いの判断は、単語の意味を十分に考えた上で、自分自身の価値観と照らし合わせる必要がある。つまり個人的な意味のレベルまで深く情報を処理しなくてはならない。だからこの実験の結果は、意味のレベルまで深く処理された情報は記憶に残りやすい、という一つの心理学的事実を示しているのである。われわれは受験勉強などで歴史年号などを丸暗記する必要があると、よく語呂合わせを用いる（鳴くようぐいす平安京＝七九四年平安京遷都、のように）。これは、それ自体無意味な年号を、意味のある文に当てはめて記憶しているのである。つまり「処理の深さ」を深くすれば記憶されやすいという事実を、知らず知らずに利用しているのである。この実験によって、人間の記憶システムは意味によって構造化されているということが推論できる。これは人間内部の主観性の世界における規則である。実験課題を巧妙に構成（浅い処理と深い処理を必要とする作業をさせる）することで、客観的にこの規則性をとらえることに成功しているわけである。

さらに、ここでもう一つ重要なのは、主観性の客観的な研究といっても、それはある特定の個人の主観を明らかにするのではなく、人間一般に共通する規則性を追究しているということである。つまり心理学というと特定の個人の個性を問題にするように思えるが、必ずしもそうではないということである。実際には、心理学研究の多くは個人差を超えた一般的な規則性に関心を持っている。このことは、世間的な心理学のイメージともっとも異なる点かもしれない。

観察法

自然状態あるいは統制された状況で、介入せずに行動を記録する方法である。幼児や動物など、言語的な方法が使えない場合に威力を発揮する。すべての心理学の方法の中でもっとも基本となる方法だろう。ひたすら記述的なものから、チェックリストを用いてある特定の行動の生起頻度を計算するなどの数量的な方法まで、これも様々である。

例を挙げよう。現代の進化心理学では、他者の心を推論する能力の進化がヒトの進化の鍵であると考えている。では、他の霊長類にはそうした能力があるのだろうか。これは現在もっとも活発な議論になっている問題である。これについて以下のような観察的な事実がある。チンパンジーAが木の上の方の枝にバナナが引っかかっているのを見つける。すぐに取ろうとするが、向こうから別のチンパンジーBがやってくるのに気づく。BはAよりも群れ内での序列が上である。だからAがバナナを持っているのをBが見たら、バナナは取り上げられてしまうだろう。すると、Aはバナナから視線をはずして、あらぬ方向を見て、Bが通り過ぎるのを待つのである。そしてBが去ってしまったあと、ゆっくりバナナをとって食べたのである(4)。この行動は、明らかに高度な社会的推論能力がチンパンジーにもある程度認められることを示している。こうした事実は、極めて慎重な観察力によってしか見つけることはできない。実験室的な状況のみでこうした行動を発見することは難しいだろう。観察法の威力を示すよい実例である。しかしひとたびこうした観察的事実が見いだされれば、それに基づいてより統制された状況でより純粋な形で現象を再現できるようになる。そうなればそれは実験となるだろう。

実際に上記の観察に対応して、以下のような統制された実験がある。チンパンジーAとBをそれぞれ別の檻に入れ、お互いに向かい合わせにする。檻と檻の間には二つのエサを置く。一つのエサはAとBのどちらからも見える。もう一つのエサはAからしか見えない。AはBより序列が下である。さて、同時に二つの檻のドアを開けるとどうなるだろう。もしチンパンジーが「他者」の視点を推論できるなら、序列の低いAは、「二つのエサのうち、一方はBに見えるからすぐ取られるだろう。もう一方のエサは私には見えるが、Bからは見えないはずだ。したがってBから見えない方のエサなら手に入れられるだろう」と推論するだろう。これは上で述べた「誤った信念課題」と非常に類似した、高度に統制された仮説検証的な実験となっていることがおわかりだろう。つまり現実とBの主観はくいちがっている、という理解が成立しているかどうかをこの実験で知ることができるのである。そこでドアを開ける。するとAはBにも見えるエサには見向きもせず、驚くべき早さでBには見えない方のエサを取って、それを腕で隠し、Bのいないところまで逃げ、そしてゆっくりと食べたのである。結論として、チンパンジーは他者の視点をかなりの程度まで推論できる。(5)人間が対象ではないが、この研究例が「精神作業課題への応答の測定に基礎をおいた主観性の研究」という心理学の定義にきちんと当てはまるということに注目していただきたい。

検査法

知能や性格など、個人差を測定するための方法である。個人差測定は、後述するように一九世紀のイギリスで優生学の成立とともに始まった。またフランスのアルフレッド・ビネが最初の本格的な知能検査を作成した。これは簡便に精神発達遅滞児を発見する目的で開発されたものである。検査は臨床診断のための重要な情報を与えることがある。足し算をひたすらさせるような「作業検査」から、インクのシミが何に見えるかを問うような「投影法」まで、多彩な種類がある。質問紙を用いることも多いが、調査法との違いは、信頼性と妥当性が高いことが確認された上で厳密な「標準化」が行われていることである。信頼性とは測定値の安定性のことで、妥当性とは測るべきものをきちんと測れているか、ということである。また標準化とは、大規模な集団に実施することでほぼ人間全体の平均値と分布が確認されているということである。このため、検査の得点から母集団における個人の位置を知ることができる。典型的には知能検査で算出される知能指数（ＩＱ）がその例である。

5　基礎と応用？

このように、学問としての心理学は実に様々な研究テーマと方法を持ち、錯綜としていて複雑である。多くの学生は当然とまどい、「心理学とは結局何なんだ」という素朴な疑問を抱く。しかし教授はこうした素朴な疑問には答えず、どんどん授業を進めていく。

こうした疑問に対して、心理学はやはり一つの統一体で、それはちょうど医学のようなものだ、という説明をよく聞く。つまり実験心理学は解剖学、病理学、生理学などの基礎医学に相当するもので、臨床心理学は医療の現場で患者さんと対する臨床医学に相当する。したがって「基礎系」の心理学は「応用系」の心理学とずいぶん異なって見えるが、医学での場合と同様に基礎は応用を支えているのだ、という主張である。これはそれなりにもっともらしい主張だが、よく考えると少し変である。医学の場合、たとえば解剖学の知識があやふやな外科医が手術をするということは考えられない。病理学の知識に欠けた内科医が診断を下すこともあってはならない。医学においては、応用的な臨床現場での基礎的な知識の重要性は明白である。だが一方、臨床心理学者がクライエントと面接をするときに視覚系の生理学の知識が必要だろうか。また心理学科のカリキュラムでは統計学が必須だが、臨床現場で統計学の知識がないために面接がうまくいかなかったなどという話は聞いたことがない。このように医学の場合と異なり、心理学においては簡単に「基礎と応用」という図式化はできないと思われる。つまり端的に言えば、実験心理学と臨床心理学はさしあたり何の関係もないかもしれない。もちろん一方の知識が他方の仕事を助けることがあるかもしれないが、それはむしろ希有な例で、奇跡的に幸運な出会いに属する。

心理学というものは、様々な動機によって形成された、相互にある程度独立の、異なる研究分野のルーズな結合体とみなすこともできる。もしそうならば話は簡単で、四つの環を無理に結びつけることはやめて、ばらしてしまえばよいだろう。臨床心理学者と実験心理学者は互いを敬意を持って無視しあえばすむのである。実際にそういうことになっている大学は多い。日本の古い国立大学などでは、文学部に実験心理学者が、社会学部に社会心理学者が、教育学部に教育心理学者と発達心理学者が在職し、その間の交流がほとんどない場合も珍しくない。

6　対象と方法による統合

しかしさらに別の視点を導入することも可能である。筆者はやはり心理学は統一体としてとらえられると思う。しかしそれは基礎と応用という関係ではなく、研究対象と方法論上の特性による統一である。すでに述べたように、学問としての心理学の研究対象は、心の働き（精神機能）であるが、それは実際にはブラック・ボックスであり、直接に研究対象とすることはできない。そこで心理学は、精神機能について理解するために、精神機能の反映である「精神作業の成績」を研究対象とする。すなわち、生きた人間に何か「頭を使う課題」をしてもらい、その「課題遂行成績」を測定する。生理学ならばすぐに人間を解体し、大脳皮質や眼球などの下部構造を研究するのに対し、心理学では決して人間をバラさない。生身の人間を丸ごと、統一的な機能をもつシステムとしてとらえ、そのシステム内部で生起するプロセスを反映するような、巧妙に構成された精神作業を課し、外部から観察できる遂行成績を測定するのである。知能検査や性格検査も精神作業であるし、また知覚や記憶の実験もそうである。たとえば最も「基礎的」な心理物理学の実験ではコンピュータ・スクリーン上に小さな光点を様々な明るさで呈示し、実験参加者は光点が見えたか見えなかったかをひたすら答える。何千回も繰り返すことが多い。これは視知覚の研究の例であるが、あくまで「心理学」の一部であり「生理学」とは決して呼ばない。それは、生きた人間に「光点が見えたかどうか」という判断（精神作業）を行わせているからである。生理学ならば呈示した刺激の物理特性と大脳皮質視覚野の神経細胞の電気的応答とを対応させるであろう。心理学では物理特性と生きた人間の応答を対応させる。応答が生きた人間であること。これが心理学と生理学を分ける境界線である。

生きた人間に精神作業を行わせるのは、主観的世界を客観化するためである。心理学の関心は人間の主観的世界である。暗い光点を見せる。ある条件で参加者は「見えない」と答える。これは彼の主観を語っているのであり、本人以外は決して知ることのできない事柄である。そのときに呈示した刺激が物理的にどのようなものであったか（明るさ、大きさ、傾き、色など）という情報と彼の主観による見えたかどうかの判断を対応させれば、視覚刺激の物理的特徴が人間の主観にどういう影響を与えるかを知ることができる。一方、臨床心理学には「バウム・テスト」というものがある。バウムとはドイツ語で木のことである。参加者に紙と鉛筆を渡し、「実のなる木を一本、自由に描いてください」と教示する。描画法という心理検査の一つである。絵が出来上がったらそれについて話しあい、その後に幹の太さ、葉の茂り方などが詳細に分析される。けっこう厳密なスコアリングの基準がある。熟練した検査者は、これらの情報からかなりの正確さで参加者の内面について知ることができるという。ここでも、生きた人間に「木の絵を描く」という精神作業を行わせている。

そもそも心理学概論の最初の章がたいてい「感覚と知覚」であるというのも、学生にとっては大いなる謎である。感覚の研究はどうして「心理学」なのか？　その答えは、感覚知覚の研究は人間の主観的世界についての研究の出発点だから、というものだ。どのような知覚実験でもそれは主観性の研究であり、その点においてバウム・テストとそれほど異なるものではない。それならば、心理学を一つの統一体としてみることが十分可能だろう。このように心理学では、どの分野でも必ず「研究参加者」に何か「作業」をしてもらう。だから、心理学とは行動の測定のことである。実際、生理学系などの研究者が「心理実験」というとき、それは「行動実験」を意味する。その意味で、心理学の本質は常に「行動主義」である。人間の行動を巧妙に測定する体系、それが心理学である。このように考えると、結局心理学とは方法論の名前であるとさえ言える。

ちなみに、こうした行動実験のノウハウは心理学だけが持つものである。心理学以外で、人間や他の動物の行動をきちんと精密に測定できる分野はほとんどない。しかもこれまで述べた例からわかるとおり、心理学の測定方法は創意と工夫に満ちている。心理学の魅力の大部分は方法の魅力であると筆者は思う。その方法論によって心理学は生理学や神経科学に貢献している。だから脳科学がいくら進歩しても心理学はなくならない。というかむしろ逆で、脳科学の進歩には心理学の方法が不可欠なのである。たとえば最近では、遺伝子組み換えによって特定の神経伝達物質の生成に影響を与え、記憶の生理学的基盤を明らかにしようとする研究が盛んに行われている。これが成功すれば「頭のよくなる薬」の開発につながるので、膨大な研究費が注ぎ込まれている。しかしそこでどんなに高度な生化学的操作が行われても、実験動物の記憶能力が実際に向上したかどうかを評価するのは、行動実験によってのみ可能なのである。つまり遺伝子を組み換えた実験動物に実際に「迷路学習」などをさせて、その成績が向上していることを示さなければならない。たとえ遺伝子組み換えによって記憶に関わる脳の部位が増大することが認められたとしても、実際の学習成績が向上しなければ意味がない。このように心理学の方法は、脳科学に従属するのではなく、逆に脳機能の理解に不可欠の重要な技術を提供するのである。

以上のとおり、心理学の目的は、主観的な世界で生じる精神の働きを客観化することである。しかし心理学には何の秘術もないので、精神の働きを直接に知ることはできない。そこで心理学は、精神機能の反映である「精神作業の成績」を研究対象とする。そこにおいて心理学研究の魅力は、方法のおもしろさ、巧妙さによるところが大きい。考え抜かれた納得できる科学的方法によって、主観的世界を研究すること。それが心理学研究の醍醐味だ。それは世間的なイメージよりもはるかに科学的思考に満ちており、また少々窮屈なほど「方法コンシャス」でもある。これが現代心理学の実際のすがたである。このように心理学は極めて科学的であり、何の秘術も持たない。

しかし読者は、確かに個々の研究の方法はおもしろいかもしれないが、そもそも心の働きの解明という目的と「科学」は相性が悪いのでは？　と思うかもしれない。実際にこれまで述べた心理学の体系は、基本的に心の認識機能についてもっぱら研究し、「心観」すなわち心についての「大きな絵」を構成する、人間関係、倫理、死後の生などについて何も発言できていないではないか。そもそもこうした問題は科学では取り扱えないのではないか。そして心理学は科学で取り扱えないものこそを対象にするのではないのか。つまり心理学と科学はむしろ対立するのではないのか。このように、多くの読者はむしろ、現代の科学に対抗するものが心理学だ、というイメージを持っているかもしれない。このイメージの背後には、人間を疎外する悪役としての科学と、より暖かいソフトな「癒し系」の人間的な活動としての心理学、という対立図式が想定される。その気持ちはわからないでもない。しかし科学と心理学の関係という問題を考えるためには、科学とは何なのか、という原理的な問題を考える必要があるだろう。本章では心理学に接近し、非常に具体的にその姿をみた。次の章では今度は心理学からいったん遠ざかり、悪役でも正義の味方でもない、人間の活動の一つとしての科学について、原理的なレベルで考えてみよう。

引用文献

（1）　サイモン・バロン＝コーエン『自閉症とマインド・ブラインドネス』（長野敬・今野義孝・長畑正道訳、青土社、一九九七年）
（2）　心理学者の会21 著　成田毅 責任編集『心理学ほどドキッとする学問はない――〝心の世界〟を学ぶ事

典』（ＰＨＰエディターズ・グループ、一九九九年）
（３）Craik, F.I.M. and Lockhart, R.S.（1972）. Levels of processing: A framework for memory research. *Journal of Verbal Learning and Verbal Behavior*, **11**, 671-684.
（４）Byrne（1995）．ただし子安増生『心の理論』（岩波書店、二〇〇〇年）一二頁での引用を参照した。
（５）二〇〇八年国際心理学会招待講演（IA-079）においてTomasello, M. が示したビデオより。

第三章　科学について考える

1　科学とは何か

心理学について原理的な理解をしようとするならば、科学の歴史と思想について考察する必要がある。「科学」という言葉はもともと中国で「科挙之学」の省略形として用いられていた語だという[(1)]。中国の官吏登用試験である科挙は、「様々な科目の試験によって人材を挙げる」という意味である。したがって科挙之学＝科学は、「個別の学問」を意味するようになった。明治期日本の「科学」という語も、「個別の学問」という意味であったものが、次第に用法が変化して現在の「自然科学」という意味になったようである。一方英語の「サイエンス science」はギリシア語の「スキエンティア scientia」が語源で、単に「知識」という意味であった。それが以下でみる一七世紀以降の科学革命の時期に「自然科学」を意味するようになった。それ以前にはアリストテレスの伝統にしたがって「自然学」とか「自然哲学」と呼ばれていたのである。なお科学者（サイエンティスト）という言葉が使われるようになったのは一九世紀になってからだという。つい最近の言葉なのである。

現代の「科学＝サイエンス」は、物理学に代表されるようないわゆる「理科系」の学問を意味するが、同時に「社会科学」や「人文科学」のように学問全般を広く表す意味にも用いられる。しかしやはり「科学」と聞くと「理科系」のイメージが強く、一般の人々の日常とはかけ離れたもののような気がする。しかし実際には、「科学的思考法」というものは、自覚が困難なほどわれわれの思考法の基本を支配している。実際に、通常「科学的」という言葉は極めて価値的に用いられる。すなわち「科学的」とは、端的に「正しいこと」を意味する。現代に生きるわれわれにとって、科学とは逃れようもないものである。それは科学技術に依存して生活しているという以上の、より深い水準でわれわれの生活を規定している。それは、「私は文系人間だから科学なんてカンケイありません」とか「科学は環境を破壊するからよくないと思う」といった素朴な感想とは全く水準の異なる問題である。そのよい例が、裁判制度である。

犯罪が発生し、容疑者が逮捕され、起訴される。そして裁判が開始される。裁判において何が調べられるかといえば、逮捕された容疑者が犯人であると信じる合理的な根拠があるか、ということである。そこで大切なのは物的証拠であり、犯人のみが知る事実であり、容疑者のアリバイである。しかしこうした裁判はずっと昔から行われていたわけではない。たとえば大昔の裁判では、容疑者を拷問にかけて自白させるということが普通に行われた。またある犯罪について二人が同時に疑われたとき、この二人に決闘を行わせ、勝った方を無罪とすることも行われていた。拷問だとか決闘だとか聞くと、非常に理不尽で暗黒的で無知の極みと感じる。どうしてそんなことが許容されていたのか全く理解できないと感じる。

拷問はだめで物的証拠が大切というのは、後者の方が「客観的に正しい」からだろうと思われるかもしれない。しかし後者を「正しい」と思うのは、われわれの文化が「科学化」された思考法を共有しているからである。実際に古い時代には、拷問には立派な「合理的」理由があったのである。すなわち、容疑者が潔白ならばそれは神がご存じであり、容疑者は神に守られているはずである。したがって拷問しても容疑者は苦痛を受けないだろう。逆に容疑者が嘘をついているならば、彼は神に見捨てられているのであり、したがって拷問をすれば非常な苦痛を受けるだろう。だから拷問すれば容疑者が潔白かどうかを判断できるのである。これを不合理と感ずるのは現代的な視点から見るからで、こうした神の加護に関する文化を共有するメンバーの間では、これは極めて合理的である。ここでは容疑者も同じ文化に属しているという点が重要である。容疑者側としても、自分が潔白ならば神に守られているわけだから、拷問など恐れるに足らない。堂々と拷問されればよい。一方自分が罪人と知っているならば、神に見捨てられているのだから全く丸裸同然である。とても拷問を受ける勇気はない。したがって、たいていは拷問を受ける前に真犯人は自白するのである。このしくみがちゃんと「合理的」な機能を果たしていることがわかる。決闘も同様である。神は二人のうち正しい方のみを守っているのだから、決闘する前の心がけからいってすでに勝負は明らかである。嘘をついている方は腰が引けて、決闘には勝てないのである。

また日本の古代には有名な「盟神探湯《くかたち》」という裁判法があったという。これは、容疑者の手を熱湯に突っ込ませるというもので、その結果やけどをすれば有罪、しなければ無罪ということになっていた。これも野蛮と不合理の極みのようだが、その文化に属する人間にとっては合理的なのである。原理は上記の拷問と同じであるが、筆者はどこかでさらにおもしろい話を聞いたことがある（真偽は自信ない）。すなわち、お湯を一気に沸かすと、対流のせいで湯の表面は非常に熱くなるが、下の方はまだぬるいという状態になる。自分が無罪だと確信していれば、神が守ってくれるから平気で、思いっきり手を突っ込む。すると手は一気に湯の下部まで達し、湯は全体的に攪拌されてやけどをしないのである。自分が罪を犯している場合は神の加護がないので、容疑者はおそるおそる手を入れる。すると湯の表面にゆっくりと手が触れることになり、やけどをするのである。これは立派な嘘発見器である。

こういう歴史の話は実におもしろいが、現代のわれわれはもう神の加護を信じて生きていけない。拷問や決闘に基づいて裁判されるなど、全く受け入れることができない。ある日警察に逮捕され、潔白を証明したければ盟神探湯を受けろと言われたら、たまったものではない。それはわれわれが神の時代ではなく科学の時代に生きているからである。「文系人間」であってもそれは全く関係ない。現代のわれわれの文化においては、裁判は物的証拠やアリバイ調べによって行われるべきである。そう感じるわれわれは、思考の根本から科学化されているのである。だからこそわれわれは科学について真剣に考えるべきだ。科学的思考法とは、白衣を着た科学者たちが、どこか遠いところでやっている理解不能の研究だけで使われているのではない。それはわれわれの日常生活に埋め込まれた強固な思考スタイルなのである。そしてこの思考スタイルの起源は、それほど古いものではない。以下でみるように、現代に直接つながる科学的思考の伝統は、一七世紀のヨーロッパで誕生した。

2　一七世紀における近代科学の成立

標準的な科学史に従えば、西洋の近代科学は一七世紀に力学と天文学において始まった。「コペルニクス的転回」という有名な言葉があるとおり、古代ギリシアのプトレマイオスに代表される「天動説」からコペルニクスの「地動説」への転換は、人類史上とりわけ大きなできごとである。ニコラウス・コペルニクス（一四七三－一五四三）は一五四三年に『天球の回転について』という著作によって地動説の基盤を築いた。その後ヨハネス・ケプラー（一五七一－一六三〇）がコペルニクスの説を数学的に精緻化し、惑星の軌道は真円ではなく楕円であることを示した。イタリアのガリレオ・ガリレイ（一五六四－一六四二）は、望遠鏡による天体の観測を始め、天の川が星の集まりであること、木星にいくつかの衛星があること、金星が満ち欠けをすること、太陽に黒点があること、などなど、聖書にもアリストテレスの著作にも記述されていないことを次々と発見した。地動説を主張したために教会の異端審問にかけられたのは有名である。また力学の分野では、振り子の等時性や、物体が落下する時間は物体の重さに依存しないこと（落体の法則）を発見した。そしてイギリスのアイザック・ニュートン（一六四二－一七二七）が一六八七年の「プリンピキア」において万有引力の法則と運動の一般理論をうちたて、古典力学を完成させた。

これらの人々が、それ以前の学者と大きく異なっていたところは、実験や観測によって得られた証拠を何よりも重視したことである。それらの証拠が示す結論が従来の権威的な学問の伝統に反する場合には、断固として証拠に基づく結論を主張した。そして権威的な学問の伝統とは、ほとんどの場合アリストテレスの自然学であった。惑星の運動は真円である、物体の落下時間は重いほど短い、などの伝統的な主張はアリストテレスに由来する。そしてこれらの主張は、新たな数学的思考と観測データとによって次々とくつがえされていくのである（しかし厳密にいうと新たなデータが新たな理論を生み出したのではなく、もう少し複雑である。以下の説明を参照されたい）。

3　二つの世界観

心理学に興味を持つわれわれにとっては、古典力学の成立や地動説の話はそれほど中心的な問題ではない。われわれにとって重要なのは、一七世紀の科学革命を通じて世界の理解のしかたが大きく変化したことである。それはよく「アリストテレス的世界観」から「ガリレオ的世界観」への転換と言われる。すでに述べたようにアリストテレスの思想は近代までのヨーロッパ思想の中核となるものであった。そして彼の自然学の大部分は一七世紀以降の実験と観測にもとづく近代科学によってことごとく否定された。ここでもっとも重要なのは、それぞれの世界観の根本的な違いである。すでに前章で見たように、アリストテレスの思想は極めて論理的かつ包括的であり、たとえばプラトンと比較すると非常に近代的にも感じられる。しかしアリストテレスの思想はやはり「古代的」な特徴を持っていて、現代のわれわれの思考法とは根本的に異なるところがある。一七世紀の科学革命の本質は、個々の観察事実の積み上げによる伝統思想の解体、という単純で漸進的な物語ではない。この革命の本質は「知の枠組み」（パラダイム。この概念については後述する）の不連続的で巨大な転換なのである。そしてそれは天文学と力学だけの問題ではなく、ルネッサンス、宗教改革、近代国家の成立など、一七世紀ヨーロッパ社会の枠組みの大変革とともに考えるべき問題である。

アリストテレスの世界観の特徴は、宇宙の森羅万象を生物的にとらえることである。すでに述べたようにアリストテレスは生物に強い関心を抱いており、彼にとってのプシケーとは生命機能のことであった。アリストテレスの伝統を引き継いだ中世キリスト教社会では、宇宙は一つの巨大な生命体であり、そこには目的性、価値性、人格性といったものが付与されていた。人体と宇宙とをそれぞれ「ミクロコスモス」「マクロコスモス」として類比的にとらえ、人体は小さな宇宙であり、宇宙は巨大な人体である、というふうに考えた。たとえば物体が落下するのは、大地は万物の起源であり、物体はその起源へと帰ろうとする志向性を持つからである。つまり物体が人間のように人格と目的を持っているかのように物理現象をとらえている。また運動の最高の形式は直進と円運動であるから、宇宙の天体は正確に円運動をすると考える。ここには物理現象に「よしあし」（価値性）をみようとする態度がある。このような思考法はアリストテレスのみでなく、古代的な思想の多くに見いだされる。日本でも古くから、山には山の神、川には川の神、風には風の神がおり、森羅万象は人格を持つ生命体であった。こうした思想を「物活論＝アニミズム」と呼ぶ。アニミズムという語はラテン語のアニマ、すなわちギリシア語のプシケーに由来することはいうまでもない。アリストテレスの伝統的宇宙はいわばプシケーに満ちていたのだ。

科学史家のトマス・クーンは次のように述べている。(2)

アリストテレスの石は生きてはいない。もっとも彼の宇宙は、しばしば少なくとも比喩的には生きているように見える。……手を離れた石は宇宙の中心にあるそのあるべき場所に到達する、という彼の理解は、風船は空気が好きであるとか、箱が地面に落ちるのはそこにあることが良いことだから、というような子供の理解とたいして違いはない。もちろん、語彙は異なっており、概念操作は大人の論理であり、アニミズムは変質している。しかしアリストテレスの教義の魅力の大部分は、その教義の背後にある自然をあるがままに認識するという点にあることは確かだ（二四八頁）。

一方、近代科学以降の世界観、すなわち「ガリレオ的世界観」においては、宇宙は一つの巨大な機械である。ガリレオやニュートンの時代の機械とは、歯車やバネで駆動する力学的な機械を意味する。当時の力学機械のもっとも複雑で巧妙な例は「時計」である。宇宙は今や巨大な時計仕掛けの機械のイメージで把握される。それは没価値的・非人格的な存在であり、数学的な法則に従って自動的に運動する。物体の落下は万有引力の法則に従う。惑星は円ではなく楕円軌道を描いて動く。これらはすべてニュートンの完成させた数学的法則に従うので、一つの複雑な機械として記述され理解され、数学によって解読可能な現象である。ガリレオの言葉によれば「世界という書物は数学の言葉で書かれている」のである。ガリレオが宇宙を時計仕掛けの機械として理解したのと同様に、フランスのルネ・デカルト（一五九六－一六五〇）は生物の身体を複雑な一つの機械として理解し、人間の精神と身体をそれぞれ別のものとした。これが心身二元論である。デカルトの心身二元論は、その後の近代医学の発達の前提となった。身体を「神秘のミクロコスモス」としてではなく、機械仕掛けとしてとらえなくては、解剖学も生理学も発達し得ないからである。またそれは心理学の登場の前提ともなった。精神を身体と区別して理解しようとする発想がなくては、心理学は生まれようがないからである。さらにデカルトの思想は、ひそかに「心＝脳」という心観の登場を準備した。彼の著作『情念論』の中でデカルトは「知覚は脳に起こるものである」と述べている。これは後で考察するように、「精神過程の中枢主義」とでもいうべき思考法の始まりである。

こうした機械論的思考法は、天文学や力学だけに生じたのではない。それはすでに述べたとおり社会制度全体にわたって生じた、大規模な変化である。それらは大きくまとめれば「啓蒙主義的思考法」とでも呼べるだろう。たとえば、一七世紀の政治哲学者のトマス・ホッブス（一五八八－一六七九）は、「国家」というものを一つの時計仕掛けの機械として機能させようとした。国家は「徳の高い君主」によって統治される必要はないのであって、君主制でも民主制でも、とにかく人民の安全な生活が保障される「メカニズム」を追求したのである。これは政治の非人格化と機械化である。現代社会においてすでに空気のようにさえなっている、「人による支配ではなく法による支配」とか、立法、司法、行政の三権の分立などは、精妙な機械仕掛けとしての国家が、暴走せずに安全に自動的に動くためのメカニズムに他ならない。

本章の冒頭で、現代の裁判制度の基盤には科学的発想があるということを述べた。しかしこれは科学の発達によって古い迷信的な裁判制度が改革された、ということではない。むしろ裁判などの社会制度を改革することと近代科学の思想の成立は、同時並行的に、しかも場合によっては同一の人間によって行われた。たとえばフランシス・ベーコン（一五六一－一六二六）はイギリス経験主義哲学の創始者であり、近代科学の基礎を築いた重要人物である。同時に彼は当時のイギリス政府の高官（ほとんど総理大臣のような地位にあった）でもあり、法律制度の整備にも尽力したのである。近代科学の成立は、社会全体の変化と切り離して考えることはできない。科学とは人間の社会的な営みなのである。

こうした思考法の根底には、いわゆる「性悪説」がある。いやむしろ「リアリズム」というべきかもしれない。つまり人間はあまり道徳的な存在ではなく、際限もなく権力を欲する。君主も例外ではない。しかしそれが人間の事実であるから、その事実を冷静に受容しなくてはならない。そしてキリストをその頂点とする理想的な人格による社会の統制という幻想（プラトン的幻想？）を捨て、人間行動の現実を直視して、誰が統治してもそこそこに破綻しないで運営可能な政治体制を考えたのである。これこそまさに近代市民社会の基盤となる「啓蒙主義的」感覚で、その中核には冷静なリアリズムがある。科学的思想とはこうした社会思想と不可分のものなのである。

このように、一七世紀の科学革命とは、生命をメタファーとする生気論的世界観から、時計仕掛けの機械をメタファーとする機械論的世界観への転換であった。何度も強調するが、これは科学の内部のみでおきたのではなく、科学以外のすべてにわたって生じた認識の枠組みの大転換である。こうして神の意志と生命で充満していた世界は消え失せ、代わって数学によって解読され、技術によって支配し得る巨大機械としての世界像が成立したのである。デカルトにとっての身体、ガリレオにとっての宇宙、ホッブスにとっての国家。これらはすべて自動機械として理解されるようになった。

4　一九世紀における第二次科学革命

一七世紀における力学と天文学の大発展の後、一九世紀に第二次科学革命と呼ばれる一連のできごとが生じた。佐々木によれば、その社会的背景としてフランス革命と産業革命があげられるという[(1)]。フランス革命で啓蒙主義は高揚の頂点に達し、その一つの帰結として、大衆に開かれた高等教育機関が整備される。この時代になって初めて、近代科学は大学を拠点とする専門的職業集団によって担われるようになる。また産業革命によって様々な経験的知識と技術が蓄積し、これらの急速な構造化が進められる。さらに力学と天文学から始まった近代科学は一九世紀以降にその範囲を大きく拡大し、新たな分野を次々に生み出す。簡単に整理すると、一九世紀における第二次科学革命は、（1）専門的職業としての「科学者」の登場、（2）技術革新への直接の関与、（3）範囲の著しい拡大、の三点にまとめることができるだろう。われわれが現在知っている科学の姿の基本は、この時代に形成されたのである。

この時代に新たに登場した分野の代表は、電磁気学、化学、生理学、などである。力学や天文学は古代から存在したが、これらの新たな科学分野は一九世紀になって初めて創始されたものである。そこにみられるのはベーコン主義、ガリレオ主義などと呼ばれる「経験主義＝実験精神」、すなわち学問の営みを経験的データと論理的推論によって貫徹しようという強い意志である。古代より神秘的な現象とされていた電力と磁力は、マイケル・ファラデーが「電気力線」と「磁力線」の概念を導入することで実験的に検討され、ジェームス・マクスウェルらによって統一的な電磁気学が完成される。この発見はただちに電気モーターと発電機の開発につながり、社会のあり方を大きく変貌させる。また古代からの錬金術の長い歴史は、物質の変成現象についての様々な経験則を蓄積してきたが、ここに強固な実験精神が導入されることによって、錬金術は化学となった。フランスのアントワーヌ・ラボアジェは、元素概念を提唱し、燃焼が酸素との結合であることを証明し、質量保存則を発見した（ちなみに彼はフランス革命の混乱の中でギロチンで処刑された。時代の雰囲気が伝わってくる逸話である）。近代的な原子論はイギリスのジョン・ドールトンによって一九世紀はじめに提唱され、ロシアのドミトリー・メンデレーエフによる周期律表の完成（一八六九年）にいたる。化学は一九世紀を代表する最先端科学であり、その成果はめざましいものである。化学は産業的な応用範囲が非常に広く、電磁気学とともに人々の生活を一変させた。また次章で述べるように、最先端科学としての化学は、初期の心理学者の創造的な発想を誘発しさえしたのである。さらに、珍しい生物を収集・分類することに情熱を傾けていた古典的生物学（博物学）も、強靱な実験精神によって改革され、ヘルマン・ヘルムホルツらによって生理学が体系化される。ヘルムホルツは心理学の成立に深く関係のある人物であり、次章で改めて取り上げよう。最後に臨床医学がある。医学は、科学が体系化されるはるか以前より、経験知の集積として存在していた。一九世紀ころから医学にも実験精神が導入され、生理学、解剖学、病理学などの基礎的科学に立脚するように

なった。(3)

さて、こうした一九世紀における科学の範囲拡張は、自然科学的な範疇を越えて、その後「社会科学」と呼ばれる分野へも及ぶ。すなわちそれまで広く「哲学」と称されてきた学問から、一九世紀末にかけて、エミール・デュルケムの社会学、ヴントの心理学、グリム兄弟の言語学、レオポルド・ランケの歴史学などが次々に体系化され、分化する（これらの学者はあくまで代表的な人物であり、選択には筆者の恣意が働いていることには注意が必要である。しかしドイツ人が多いことは間違いない）。これ以上紹介するときりがないので省略する。こうしてわれわれの知っている「個別の学」としての科学が誕生したのである。そしてここにおいて初めて、「心理学」という個別の学が誕生した。この心理学の誕生のいきさつを次章で述べよう。しかしその前に、堅い歴史的な話が続いたので、この章の最初の話に戻って、科学の意味についてもう一度考えてみよう。

5　「科学的」とはどういうことか

第二章のおしまいのところで、「心理学は科学で取り扱えないものこそを対象にするのではないのか」という視点について述べた。第三章を読んだあと、この問題についてどのように感じられるだろうか。科学的心理学の成立の経過とその問題については、以下の章で詳細に述べるが、ここでは科学自体について少し考えてみよう。

最初に述べたように「科学的である、科学的でない」という表現は、極めて価値的に用いられる。すなわち「科学的である」とは端的に正しいということであり、「科学的でない」というのはナンセンスである、ということを意味する。しかしその一方で、現代社会では多くの人が科学そのものに疑念を抱きつつある。科学は人間疎外の元凶として糾弾されることすらある。このように「科学的」という言葉は非常に混乱した用いられ方をしており、まずこの言葉自体を整理する必要がある。筆者は、「科学的」という言葉には大きく二つの水準があると考える。すなわち、常識の水準と証拠の水準である。

常識の水準とは、「きちんとしている」かどうかということである。たとえばテレビやネットを見ると、そこには膨大な量の情報がたれ流されているが、それらがすべて信用に値する情報だとは誰も考えないだろう。これらのうちの大半は「ヨタ話」であり、暇つぶしに楽しむには結構だが、そのまま真剣に受け取るものではない。たとえば夏場になると必ず登場する「心霊現象」の番組を考えてみればよい。体調が悪いのは水子の霊のせいだとか、幽霊が出るトンネルだとか。われわれはこういう情報の真偽の判定を常識と経験によって行うことができる。そこで働いているのは、近代的な合理的思考の最も健全な側面である。これは歴史的にみて全く「科学的」な態度である。つまり昔からこうだったのではない。その証拠に、昔の日本の城下町の地図を見てみるとよい。驚くべき広大な面積を寺や神社が占めている。町中が宗教施設だらけである。ヨーロッパの中世都市も教会だらけである。そこに感じ取れるのは、自然の怪異に対する恐怖と無力感である。雷が落ちても、疫病が流行しても、祈ることしかできなかった時代があったのである。しかし現代は違うだろう。宗教施設だけでなく、避雷針があり、病院がある。つまり、われわれは常識の水準で高度に「科学化」されているのである。心理学がこういう常識から外れた、きちんとしていないヨタ話だったら大変である。「心理学は冷たい科学に対抗して暖かいソフトな癒しをもたらすもの」というイメージを持っていても、「きちんとしていない」のは非常に困るだろう。「心理学は科学で取り扱えないものこそを対象にするのではないのか」という意見を持っていても、体調が悪いのは水子の霊のせいだというのはあんまりだと考えるだろう。そういう意味での「科学的」ならば誰も異議は唱えない。科学の否定的な面を糾弾する人も、この水準では科学に反対する理由はない。

証拠の水準とは、常識をもう少し洗練したもので、証拠があるかどうかで物事の真偽を判定しようとする意識的な態度である。たとえば上述の裁判制度がその一つの典型で、基本には常識的な判断があるが、証拠の水準では証拠調べの手続きが規格化されている。それに厳密に従うことで、常識のみでは判定が難しいものについてもブレのない判断をする仕組みが構築されているのである。また、常識と証拠が食い違うような場合には、証拠の示す結論に従うことになる。証拠が常識に優先するのである。これは一般的な常識はいつも当てになるものではないという、上述したリアリズムに従っているのである。「あんないい人が犯人なはずがない」と常識が判断しても、動かぬ証拠があればその人が犯人なのである。裁判制度と並んでいい例となるのは、医学的な診断である。医学診断というものは、マニュアル化された膨大な数のルールに基づいており、裁判とよく似たところがある。そこで大切なのは、正確な診断を下し、効果があるという証拠のある治療法を選択することである。生化学的知見、動物実験の結果、臨床治験の成績などによる、厳密な評価の手続きが定まっており、これらの試験を合格して初めて治療法が確立する。

しかしこうした高度に専門的な判断においても、すべてが証拠で支えられているわけではない。臨床経験の豊富な医師には直感のようなものがあり、それがしばしば治療に重要な役割を果たす。たとえば現代的な治療に加えて、漢方の処方を試みることがある。しかし漢方薬の薬効については明確な証拠が示せない場合も多い。実は漢方にとどまらず、西洋医学の枠組み内でも明確な証拠のないまま使用されている治療法は多い。これを非科学的態度として問題視して、「証拠に基づく医学 Evidence-based（EB）Medicine」を確立しようという運動がある。読者は「効果があるという証拠なしで行われている治療があるのか」と驚かれるかもしれないが、個人の体質や生活環境によって薬剤の効果は大きく異なることがある。その場合、大規模な治験では統計的に意味のある治療効果が示されていなくても、特定の個人には効果がある、ということはあり得るのである。こういう場合、「証拠」にこだわりすぎると「個人」を見失うことがあり得る。しかしだからといって、医師の直感に無制限の信頼を置き、すべてをゆだねるわけにもいかないだろう。

心理学にもこれと全く同じ問題がある。病み疲れた心を相手にする臨床心理学の現場では、様々な面接の技法がある。しかしこれらのすべてに効果があるという明確な証拠があるわけではない。それどころか実証的なデータを取ると、いくつかの心理療法はほとんど効果がないという驚くべき報告すらある。そこで「ＥＢな臨床心理学」を構築し、その基準に合致しないものを排除しようという運動がある。しかし医学の場合と同様に、ある特定の個人に非常に効果のある技法というのもあり得る。個人差の問題はおそらく医学以上だろう。したがって臨床心理学を全面的にＥＢ化することは、医学の場合よりもはるかに困難だろう。

一方で、直接に病み疲れた心を相手にするわけではない他の分野の心理学では、証拠がすべてであり、証拠のない主張はすべて非科学的なものである。ここにおいて臨床心理学とそれ以外の心理学は衝突する。お互いの主張が理解できなくなることさえあり得る。かつて、ある高名な臨床心理学者が公の席で「臨床心理学はサイエンスではなくアートである」と発言したことがある。これを聞いた他の分野の心理学者は少々パニックになった。この発言の意図は、臨床現場で行われていることの多くはＥＢ化が困難で、むしろ長年の経験に基づく「アート（職人芸）」が大事である、ということだろう。つまり常識の水準にある合理的態度の否定ではなく、証拠の水準における微妙な問題を語っているのだ。この水準においてこそ「心理学は科学で取り扱えないものこそを対象にするのではないのか」という立場が生きてくるのである。しかしこの発言は「臨床心理学は非科学的であってよい」という開き直りのようにも受け取れ、近代的合理精神の否定にまで連想が進み、「だったら水子の霊もありか」という感じになり、これまで科学的心理学の確立に努力してきた研究者の神経を逆なでしたのだろう。つまり「サイエンス」という言葉がだいぶ違う意味で用いられている。これでは論争は不毛になるばかりである。科学的思考における常識の水準と証拠の水準は分けて考えた方がいいと筆者は思う。

6　科学は普遍的で絶対的な真理をもたらすのか

これまで述べたような歴史的な経過をたどって、多くの学問は急速に科学化されていく。それは実証主義の精神に基づいて、学問体系から恣意性やあいまいさを排除しようとする試みであった。この場合の実証主義というのは、一九世紀の自然科学の驚異的な進歩と社会的な成功を背景に、科学に特権的地位を与えるという思想のことである。こうした思想は一九世紀前半に活躍したフランスの哲学者、オーギュスト・コントに由来する。彼は神学的、形而上学的なものを否定し、経験的事実とそれに基づく論理的推論のみに立脚した学問体系を作るべきだと考えた。コントは実証主義的態度によってフランス革命後の社会危機を克服し、真性の科学としての社会学を構築しようと考えたのである。彼の思想には強力な社会発展説の傾向があり、人間の文化は神学的、哲学的、科学的というプロセスをまっすぐ進むと考えた。科学の万能性を強調した楽天的な進歩思想であると言えるだろう。実証主義のことを英語で positivism というが、これはつまり肯定主義ということである。ではこれに対してネガティブなものは何かというと、形而上学（哲学）がそうなのであるという。こうした科学に対する無制限の信頼と哲学に対する否定的態度は、そのままの形で心理学に取り入れられたのである。

しかし一九世紀の思想を見渡すと、心理学には他にも様々な可能性があったようにも思われる。たとえば哲学者ウィルヘルム・ディルタイは、知識と説明から構成される「自然科学」と、了解と解釈からなる「人間科学（精神科学）」を区別している。「了解」とは観察や推論では把握できない精神機能への洞察であり、「汝の中に我を再発見すること」（三二頁）であるという。(4) またヴントと同時代のフランツ・ブレンターノは、精神過程の本質は「志向性」（意識は常に何かについての意識である、という意識の性質を表現した概念で、二〇世紀の現象学哲学の基礎概念となった）であり、それは還元不能であると主張した。ブレンターノの立場は「作用心理学」と呼ばれる。しかしその中で、心理学は断固として強力な実証主義的、物理主義的な自然科学を指向する。コントの実証哲学の積極的で単純な採用である。

しかしコント流の素朴な科学への信頼は、二〇世紀に入って次第に様々な批判を受けるようになる。科学研究で得られた結果は絶対的な真実なのか、科学とは科学者集団という社会的存在によって形成された一つの文化のようなものではないのか、など、科学研究自体を対象化してとらえようとする科学哲学的考察が盛んに行われるようになる。その中でも最も影響力が大きかったのは、科学史家のトマス・クーンによる「パラダイム論」である。(5) クーンは、自然科学の歴史は研究データの積み重ねによる連続的な発展のプロセスではないことを主張した。パラダイムとは「ある時代の科学者共同体の中で広く受容されている研究上の規範」を意味する。クーンは、自然科学の歴史から豊富な例を示し、あるパラダイムから別のパラダイムへの転換は極めて不連続なものであり、またデータの蓄積によって不可避的に生じたのではないと主張した。こうしたパラダイムの転換は「科学革命」と呼ばれ、天文学における天動説から地動説への転換がその好例である。科学革命のあとにパラダイムが確立すれば、それは革命期を脱した「通常科学」となる。通常科学とはパラダイムによって供給される一連の問題に取り組む一種のパズル・ゲームである。通常科学における問題群は、パラダイムを前提として解かれるものであり、パラダイム自体は証明すべき問題ではなく、全ての研究の前提となる出発点である。

この著作の影響力は極めて強く、すぐにありとあらゆる学問分野に普及していった。コントの実証主義は、科学は経験的事実とそれに基づく論理的推論のみに立脚すべきと主張したが、パラダイム論によれば科学は事実と推論だけで成立しているのではない。科学は人間の社会的な活動であり、それは事実と推論に加えてパラダイムというそれ自体は証明も反証もできないような大きな枠組みによって全面的に基礎づけられている。このパラダイムは社会学的な概念であり、それを説明するものは時代精神や科学者集団の社会学的なダイナミクスであろう。この主張は直ちに「科学的事実は絶対的なものではなく、時代精神や文化や経済学的構造に立脚する、相対的なものである」という考え方を支持する強力な根拠とみなされた。クーンの主張はもっと控えめで慎重なものであるが、パラダイム論は当初のクーンの意図を超え、あらゆる学問分野にいささか無定見に応用されるようになった（実際、クーン自身はパラダイム論の拡大解釈を非常に憂慮していたという）。

また、科学は「没価値的」なものであるという主張がある。没価値とは、善悪の問題には関わりがないという意味である。科学は純粋な知的探求心によって行われ、研究の結果が社会に役立とうが、あるいは害になろうが、科学の関与するところではない、ということである。確かに、もし科学が社会的な意義の観点からのみ評価されるなら、多くの重要な基礎的研究は非常に低い評価しか与えられないだろう。そして社会的に害を及ぼす可能性を事前に十分に考慮しないと研究ができないならば、多くの研究者は萎縮してしまうだろう。このように没価値性は、科学研究の純粋さと中立性を保証する重要な概念とされてきた。しかし上述のクーンの主張を考えれば、科学が完全に没価値的で社会的中立性を保持することはあり得ないし、またあってはならないということにもなる。科学を科学者集団の社会的実践活動ととらえれば、そこには必ず社会的責任が発生するだろう。たとえば現在、遺伝子操作技術の爆発的な進展により、クローン動物や特定の臓器を人為的に制作することが可能になりつつある。こうした研究のもたらす社会的影響を考えると、科学の没価値性という概念は実にむなしいものである。新たな生命倫理の構築と研究をコントロールする社会環境の整備をこそ真剣に考えなくてはならない。しかし研究のスピードは驚異的で、われわれの社会はまだこうした事態に対応した倫理基準を持っていないのである。このように、一九世紀の楽天的思想に基づく実証主義が想定した科学の三つの基本的な性質、つまり（1）データと推論のみに立脚すること、（2）そこで得られた知識は普遍的・絶対的真理であること、（3）科学者の研究活動は没価値的であり、社会的責任から免れていること、はすでにどれも成立しなくなっているようである。

こうした歴史的経緯の結果として、現代の科学と科学哲学が存在するわけであるが、筆者は現代の状況に強い危惧の念を持っている。それは、科学と科学批判の間の距離が非常に大きくなっているからである。一方では、自然科学の進歩は全く目を見張るようなものである。特にすでに述べた生命科学系の進展はすさまじく、専門外の人間が沈黙してしまうような水準の研究が実用化されつつある。他方では、哲学者や社会学者は科学にたいして極めて冷淡で、自然科学では世界の実相は理解不能であり、科学者は研究テーマの細分化によって相対的にどんどん無知になっている、と主張する。自然科学者たちが自信を持って研究を進めている一方で、哲学者たちは科学的知識が相対的であることはとっくに答えが出ていると確信し、お互いに交流がほとんどないのである。科学と科学批判の間の溝は、深刻なほど深い。これは一種の文明の危機といってもいい問題をはらんでいるのである。

「科学の絶対性」という問題はなかなか手強いので、後の章で引き続き考察しよう。蛇足であるが、筆者は現代においても心理学のテキストなどで「心理学はコントの実証主義精神に基づいた立派な科学である」というような説明を見ることがある。この素朴さは驚くべきことである。コント以後の科学哲学の激変を無視し、一九世紀的楽天主義をそのまま信奉しているのだろうか。もう一つ驚くべきことは、心理学が模範的例としてもっともあこがれたのが物理学であったということである。これは心理学の「物理学コンプレックス」と呼ばれる有名な「謎」である。次章でみるとおり一九世紀末に心理学が科学化したことは必然的な流れだとしても、なぜ社会科学のような柔軟な方向でなく、もっとも相性の悪そうな物理学に範を取ったのだろう。これは生理学出身者が最初の心理学を建設したという事情による。この極端な物理学信奉は、他の社会科学分野と比べて極めて特異なことである。後の章でみるように、心理学は科学化することに全力を尽くした。しかしそこには科学それ自体に対する考察があまりにも不足している。科学が人間の行う社会的営みであるならば、心理学はコント流の実証主義を無条件に前提とするのではなく、むしろ心理学それ自体が一つの科学哲学となるべきだったのではないだろうか。

引用文献

（1）佐々木力『科学論入門』（岩波書店、一九九六年）
（2）トマス・クーン『コペルニクス革命』（常石敬一訳、講談社、一九八九年）
（3）クロード・ベルナール『実験医学序説』（三浦岱栄訳　岩波書店、一九七〇年）
（4）アメディオ・ジオルジ『現象学的心理学の系譜』（早坂泰次郎訳、勁草書房、一九八一年）
（5）トマス・クーン『科学革命の構造』（中山茂訳、みすず書房、一九七一年）

第四章　心理学の誕生

われわれは第一章で「心について考えるとはどういうことか」について考察し、（1）生命と死について考えること、（2）人間関係と倫理について考えること、（3）認識の仕組みについて考えること、の三つに整理した。そしてプラトンやアリストテレスなどの古代の思想家が、これら三つを不可分のものとしてとらえ、相互に密接に関連させて考えていたことを知った。第二章では現代の心理学の構造と方法論について概観し、（1）心理学の目的は主観的世界で生じている心の働きを客観化することであり、（2）しかし心の働きは直接に見ることはできない、（3）そこで心理学は、精神機能の反映である「精神作業の成績」を研究対象とする、ということを知った。また第三章で科学について考察し、（1）科学的思考法はわれわれの生活のあらゆる側面を支配していること、（2）近代科学の基本には機械論的世界観があること、（3）科学が絶対的真理を提供しているかどうかには、大きな見解の相違があることを知った。

この章では、これらの知識を背景にして、心理学が歴史的にどのように形成されてきたのかを概観しよう。大学で研究され学生が学ぶ現代の心理学は、一九世紀の後半、一八七九年にウィルヘルム・ヴント（一八三二‐一九二〇）がライプチヒ大学において心理学実験室を開設したのがその始まりとされる。それは以下でみるように「哲学と生理学の結合」という形で始まった。

1　経験論哲学

イギリス経験論哲学と思弁的心理学

心理学の中核的な部分は哲学に由来し、哲学から分化することで誕生した。その哲学とは、すでに登場したフランシス・ベーコンをはじめとする、イギリスの経験主義哲学である。「知は力なり」というのはベーコンの有名な言葉だが、彼はすべての学問は自然現象の厳密で客観的な観察に立脚すべきであり、宗教的信条や偏見、先入観などに惑わされてはならないと主張した。さらに、個々の観察事例を積み上げて、その上で総合的な理論を構築するという「帰納法」を提唱した。このような「ベーコン主義」は、前章で述べた一七世紀自然科学の実験精神の基盤となる考えであり、また啓蒙主義時代の社会哲学でもあった。さて、経験主義哲学の認識論によれば、人間の精神は誕生直後には全くの白紙（タブラ・ラサ）であり、誕生後の単純な経験が蓄積することで、豊かな精神生活が形成される。この思想にしたがえば、人間の複雑きわまりない精神生活は、多数の比較的単純な経験に由来することになる。ここでいう経験とは、個々の感覚知覚的な体験によって得られるものである。したがって、人間の精神生活の理論は、個別の感覚知覚体験を詳細に観察することから帰納できるだろう。このように、近代の経験主義哲学には、複雑な構成体を比較的単純な構成要素の総和としてとらえる傾向がある。これは一種の「原子論」的な思考法であり、その有効性は一九世紀の化学の大成功が証明している。「還元論」とも呼ばれるこの発想は、あらゆる科学的分析において極めて有効な方法である。

どのような複雑な物質であっても、より単純な元素の結合によってできあがっている。それと同じように、複雑な人間の精神も、慎重に分析すれば比較的単純な感覚知覚経験の化合物として理解可能なのではないだろうか。こうした思想は「連合主義」とも呼ばれる。連合主義とは、単純な経験が連合して複雑な思考を生むという主張である。これはいわば化学的、原子論的な認識哲学とでもいうべきものである。すでに述べたように一九世紀の化学は最先端科学であり、人々を驚かすような大発見を次々と生み出した。それは非常に魅力的であり、科学的思考法を身につけた当時の哲学者が、還元主義的思考を認識論にまで適用しようと試みたのは、理解できないことではない。一九世紀前半における連合主義の代表的な存在は、ジェレミー・ベンサムやジェームス・ミルなどの哲学者である。経験論的・原子論的・還元主義的・連合主義な哲学に基づき、彼らは新たな認識論を追求した。これを「心的化学」と呼ぶことがある。それは心の構成要素を探求する試みであり、先入観や偏見を排除して、自分の精神生活をじっくりと経験主義的・反省的に観察することから始まる。すると、心は知的、情動的、意志的などの側面に分解可能であることがわかる。さらに知的活動は、言語的活動と非言語的活動に分解されるだろう。言語的活動の源泉は、聴覚（言葉を聞くこと）に始まり、視覚的なもの（書き言葉）へと発展する。言語体験の基盤となる聴覚体験の本質は、聴覚器官（耳）の解剖学的知識と聴覚体験自身の反省的観察によって明らかになるだろう。このように、複雑なものは単純な要素へと還元されていく。

一九世紀の連合主義哲学は、先端科学である化学をお手本とし、ベーコン主義に従い、極めて厳密な思考を行おうと試みた。そこにはっきりと感じられるのは、実証科学の成功に学んで認識哲学を「科学化」しようという意図である。これこそが「心的化学」が従来の哲学的認識論の枠組みから離脱して、「心理学」として独立する始まりである。しかしそれは一九世紀前半にはまだ「思弁的」であった。すなわち、自分の精神生活を観察する以外の方法論を持たず、まだ実証的な科学とは呼べないものだった。

感覚生理学

実証的方法論を欠いた「心的化学」は思弁的なものにすぎない。しかし経験論哲学は、複雑な心的活動が最終的に単純な感覚知覚体験へと還元されると考えていた。それならば、心という複雑な化合物を元素へ分解する、「上から下への」心的化学と同時に、単純な元素を結合させて複雑な化合物を合成する「下から上への」やり方があってもいいだろう。これこそが一九世紀の感覚生理学がめざしたことである。一九世紀の生物学は旧来の博物学に決別し、実証的、実験的な新しい生物学をめざした。その方法は、博物学の行ったような収集と分類ではなく、ベーコン主義的な観察と実験である。生物を解剖し、いくつもの臓器に分け、さらにそれぞれの臓器を顕微鏡で観察し、その機能とメカニズムを知る。こうした新しい生物学は「生理学」と呼ばれる。こうした中で、眼や耳などの感覚器官の構造と機能の解明をめざす「感覚生理学」が大きく発展し、これが「下から上への」感覚知覚体験の研究となるのである。

一九世紀の感覚生理学は、早い時期に一つの極めて重要な事実を発見した。それは、われわれの感覚体験が外的刺激（物理エネルギー）によって直接引き起こされるものではないということである。たとえば、視覚体験は光（電磁波）が眼の網膜を刺激することで生ずるとは限らない。眼を指で強く押しても網膜は刺激され、その結果光の感覚が生ずる。すなわち、感覚器である網膜が刺激されれば、それがどういう種類の刺激（光でも力学的刺激でも）であろうと、視覚体験を引き起こすのである。つまりわれわれが「見て」いるのは外界からやってくる電磁波のエネルギーそのものではない。物理刺激と知覚体験の間には、感覚器官の興奮という媒介項が必ず介在するのである。つまりわれわれが「見て」いるのは網膜の神経細胞の興奮である。だから、われわれの五感（視覚、聴覚、味覚、嗅覚、触覚）は、物理エネルギーによって区別されるのではない。それらは興奮する感覚器の違いによってのみ区別される。五感の区別は、どの感覚器が神経エネルギーを中枢へ伝達するかによって決まる。つまり、五感の区別は、物理エネルギーではなく神経エネルギーの区別によって決定される、間接的で内的なものなのである。これが「個別神経エネルギー説」と呼ばれるもので、一八二六年に生理学者ヨハネス・ミュラー（一八〇一－一八五八）が提唱した。こうした新たな知覚の生理学によって、知覚は外界の素朴な反映としてではなく、一連の複雑な構築過程としてとらえられるようになった。これを「間接知覚論」と呼ぶことがある。つまりわれわれの複雑な心的活動の起源が比較的単純な感覚知覚体験の連合であるにしても、その「比較的単純な感覚知覚体験」そのものも外界の素朴な反映ではなく、内的に構築される複雑な過程なのである。

ヨハネス・ミュラーの弟子であったヘルマン・ヘルムホルツ（一八二一－一八九四）は、一九世紀を代表する大科学者である。その活動範囲は実に多岐にわたり、物理学、光学、生理学などに及ぶ。感覚生理学において彼がめざしたことは、師のミュラーが提唱した各感覚器官に対応する個別の神経エネルギーをさらに複数の要素に還元し、詳細に理解することであった。視覚においては、複雑な色覚を成立させる要素として三種類の色感受性を持つ色覚受容器を提唱した。この「三原色説」はその後にエヴァルト・ヘリングの「反対色説」と統合され、現在ではより精緻な色知覚のモデルがいくつも提唱されている。また聴覚においては、内耳の蝸牛に長さの違う繊維がちょうどハープの弦のように順番に並んでおり、これが空気振動に対して共鳴振動することで、複雑な音波を異なる周波数に分解しているという「ハープ説」を提唱した。このように、ヘルムホルツの研究は、経験主義的認識論の、複雑な認識を単純な要素に還元して理解しようとする、連合主義的、還元主義的、要素構成主義的な態度の、生理学的な実践であることが理解されるだろう。

心理物理学

ヨハネス・ミュラーと同年生まれのグスタフ・フェヒナー（一八〇一‐一八八七）は、すぐれた物理学者であると同時に一種の神秘主義者でもあった。彼はその長い生涯において純粋な自然科学的研究から神秘的な宗教的思索にまでわたる膨大な研究を残したが、その中で全く独自に「心理物理学」というものを創始した。心理物理学によって、外界の刺激（物理量）がどのような主観的な経験（心理量）を生じさせるかを厳密に測定する手法（恒常法、極限法など）が生み出された。これは現代にいたるまで、もっとも洗練された感覚知覚の研究手法である。彼の意図は、「主観性」と外界の結びつきを明確にすることであった。そのために心理物理学は、物理量と心理量の関係を測定する。フェヒナーのめざしたことは、心理学の本質を端的に示してくれる。つまり、心理学の目標とは「主観の客観化」なのである。内的に生起し、本人にしか知ることのできない主観世界を、何らかの方法で外に取り出し、客観的考察の対象にしたい。この目標が、心理学を突き動かした大きな衝動となっている。

もちろん実際に行われる心理物理的研究は、非常に地味で堅実なものである。そこで行われているのは、たとえば光の点を画面に提示し、それが見えるか見えないかを判断する。刺激の点の輝度コントラスト（光点の明るさと背景の明るさの比）を変化させることで、その光の点が見える最低のコントラスト（検出の閾値《いき》という）を測定できる。縦軸に「見えた」と反応した比率、横軸にコントラスト値をプロットしてグラフを作成する。こういうグラフを心理物理関数と呼ぶ。このグラフの縦軸は心理量＝主観性で、横軸は物理量である。だからこれは極めて端的に主観の客観化である。正確な心理物理関数を得るためには、よく訓練された被験者が何千回もの試行を行う必要がある。それは気の遠くなるような地味な作業である。しかしこれは立派に主観性の研究なのである。「見えたか、見えなかったか」というグラフの縦軸は、観察者本人にしかわからない内的できごとだからである。

ヴントによる心理学の独立

ヘルムホルツの助手だったヴィルヘルム・ヴント（一八三二－一九二〇）は、このような時代背景のもとで、極めて自覚的に心的化学の思弁と感覚生理学の方法論とを結びつけようとした。彼の最初の著作は『生理的心理学』という題名であるが、その後、自分の心理学を「実験心理学」と呼ぶようになった。ヴントは一八七九年にライプチヒ大学の哲学科内に世界初の心理学実験室を創設し、いわば生理学的な哲学とでも言えるような心理学を建設しようとした。複雑な心的化合物を単純な要素へと分解する「上から下へ」の認識哲学と、感覚器官の解剖学から出発して意識的な知覚体験へせまろうとする「下から上へ」の感覚生理学を「心理学」によって仲介しようと試みたのである。この目標のため、彼は研究対象として「意識」という水準を選んだ。ヴントの実験心理学は、「意識」を対象とし、実証的な方法を用い、連合主義的な発想によって意識をその構成要素へ還元しようとするものである。彼は意識の構成要素として「純粋感覚」（五感）と「簡単感情」を提唱し、さらに簡単感情は鎮静‐興奮、快‐不快、緊張‐弛緩の三次元座標によって表現可能であるとした。これらの要素が複雑に結びつくことで、認識論哲学の対象であるわれわれの意識生活が構成される。また逆にこれらの要素がさらに単純な下位要素へと分解されれば、そこにはヘルムホルツの生理学的水準が現れるのである。このように心理学は哲学と生理学を仲介する。生理学と心理学の違いは、前者が生物を細かく分割し切り刻んでいくのに対し、後者は生物を分解せず、全体的な行動の水準に注目するという点である。そこでのデータとは、訓練された実験被験者の言語的報告（内省報告）であり、また呼吸や心拍などの生理反応であった。さらにフェヒナーの心理物理的な方法も積極的に導入した。これが現代につながる「科学的心理学」の始まりである。

　ヴントの研究室には世界中から学生が集まり、新しい心理学の世界的なセンターとしての役割を果たした。精神医学のエミル・クレペリンやオズワルド・キュルペもヴントの研究室で学んだし、世界中から多くの留学生が集まった。留学生の中には後述するアメリカのスタンレー・ホール、ジェームス・キャッテル、ジェームス・エンジェルや、また松本亦太郎などの日本人もいた。松本は帰国後に京都帝国大学で心理学の講座を開き、「日本心理学会」（現代では日本最大規模の心理学会に成長している）を創設し、初代の会長となった。こうしてヴントの実験心理学を受容したエリートたちが日本の心理学界の基盤を形成するのである。このようにしてドイツ心理学は大きな勢力になり、世界中に影響力を持った。心理学という言葉は誰もが聞いたことがあるが、学界で公認された心理学の創始者であるヴィルヘルム・ヴントの名前は、大学で心理学の講義を聴いたことがある人しか知らないだろう。あまり派手な人でないことは確かであるが、ずいぶんと皮肉なことである。もう少し知られてもいいだろう。

ヴントは一九世紀末から二〇世紀初頭にかけて活躍したが、その歴史上の役割は「批判されるための立場」と言わざるを得ない。ヴントの構想した科学的な「意識の心理学」は多くの原理的な困難を内包しており、まだ本格的な心理学とはみなすことができない。本格的な心理学はヴントを批判したゲシュタルト心理学や行動主義心理学によって、二〇世紀になってからもたらされたと考えることができるだろう。しかしヴント以後の心理学の展開を述べる前に、一九世紀におけるヴントとは異なる他の流れを検討しなくてはならない。現代の心理学の源流と考えられるのはヴントの流れの他にもある。ここではヴントに加えてさらに三つの源流を想定し、それらの相互関係についても説明を加え、さらにそれらが現代の心理学へと合流する過程について考えてみよう。ヴント以外の源流とは、（1）医学における精神病理学の形成と力動精神医学の登場、（2）アメリカ合衆国における社会科学の形成、（3）チャールズ・ダーウィンによる進化論の確立、の三つである。

2　医学における精神病理学の形成と力動精神医学の登場

精神病理学の成立

ヴントの実験心理学はその後の大学の心理学の本流となる重要なものであるが、これだけを心理学の原点だと考えると、現在の複雑な心理学の姿の全体はなかなかみえてこない。ヴントとほぼ同時期に、同じドイツ語圏において極めて重要な出来事が起きている。それは精神病理学の形成である。すでに述べたように、伝統的な医術の集合体であった医学が、啓蒙主義時代の実証主義の洗礼を受けて「科学化」したのは一九世紀になってからのことである。その中でも精神医学はもっとも新しいもので、本格的な体系化は一九世紀の後半から二〇世紀にかけてのことである。それ以前の時代には精神病者とは「悪魔つき」の類と考えられており、治療の対象ではなく差別と隔離の対象だったのである。フランス革命当時の啓蒙主義的雰囲気の中で、フランスのフィリップ・ピネルが一七九五年に精神病院の人道的改革を主導し、精神病者を鎖から解放した。その後一九世紀中盤に精神病は神経系の器質的病変によるものだという考えがようやく成立した（ヴィルヘルム・グリージンガーなどによる「器質性精神病」概念の提唱。これ以後精神病は「脳病」として認識されるようになる）。そして二〇世紀終わりにクレペリンによって早発性痴呆と躁うつ病という「二大精神病」の分類が確立し、前者は二〇世紀に入ってオイゲン・ブロイラーにより「精神分裂病」概念へとまとめられ、本格的な精神病理学の体系ができ上がる（精神分裂病は現在では「統合失調症」と呼ばれる）。

こうした精神医学の発展と実験心理学の成立はほぼパラレルなもので、相互関係はあまり解明されておらず、思想史的に非常に興味深い。たとえばブロイラーの「精神分裂病」という用語である。精神が分裂するとは理解しがたいが、この概念の背後には、複雑な精神が比較的単純な構成要素からなっているという、実験心理学における連合主義的、要素構成主義的な思想があるのである。この病ではしばしば思考が妄想や幻覚に支配され、連想が滅裂となる。こうした状態を、複雑な化合物としての精神がその統御力を失い、断片的な構成要素へと解体されていく過程としてとらえているのである。クレペリンがヴントのもとで学んだことがあるという事実から考えても、一九世紀末のドイツ語圏における実験心理学と精神病理学の相互作用は、重要な思想史上の問題である。

力動精神医学の登場

以上述べたアカデミズムにおける精神病理学の形成とは別に、一九世紀の終わりから二〇世紀のはじめにかけて、オーストリアのジグムント・フロイトが全く独自の発想で精神分析学の体系を構築する。一九世紀前半のフランツ・アントン・メスメルによる動物磁気術（現代でいう催眠術）などが契機となり、病者との間の精神的交流（ラポール）を基盤とした神経症の治療が注目されるようになった。こうした関心はフランスのジャン・マルタン・シャルコーによる催眠暗示の研究をうながした。その背景には、理性や主体性や意識への懐疑という世紀末的な思想があるという。そうした雰囲気の中でフロイトの「無意識」の概念が形成される。フロイトの生涯と業績とは、すでにおびただしい書籍によって記述されているのでここではこれ以上述べない。われわれにとって一番重要なのは、フロイトやカール・グスタフ・ユング、アルフレッド・アドラーといった精神分析学界における著名人たちが、自分たちの学問を「心理学」と呼んだことである。フロイトはその著書の中で精神分析は新しい科学的心理学であると繰り返し述べているし、ユングは「分析心理学」という語を用い、アドラーは自分の学問を「個人心理学」と呼んだ。フロイトは初期の著作でヴントを慎重に引用している。しかしヴントがフロイトの仕事を知っていたかどうかは不明である。「心理学」という語がヴントによる意識研究とフロイトによる無意識研究という、ほぼ同時に誕生したが全く相容れないような方向性を持つ二つの学問に用いられたという事実が、心理学をいかにも混乱したものにさせている。

二つの記憶研究

普通の心理学史の教科書には、ヴントによって近代的心理学が創始された、と述べられているのみであるが、これまで見たように実際ははるかに複雑である。ドイツ語圏に限っても、近代の心理学は二つの流れが同時並行的に出現している。そしてこの二つの流れは、今日でも融合しているとは言えない。この二つの潮流を対照させるには、ヴントよりもヘルマン・エビングハウス（一八五〇－

一九〇九）を登場させた方がわかりやすい。エビングハウスはヴントやフェヒナーの仕事に啓発され、独自に記憶の実験心理学を構築した。彼の著書『記憶について』は一八八五年に公刊された。一方、フロイトは自身の臨床経験に基づいて、『ヒステリー研究』という最初の著作を一〇年後の一八九五年に出版した（友人のブロイアーとの共著）。

エビングハウスはフェヒナーの著作を読んで独学で心理物理学を学び、その方法と思想を「高等精神作用」に応用しようと考え、精密な記憶の実験を行った。彼の記憶研究は、「無意味つづり」を用いた「丸暗記」に関する実験研究であった。彼は、子音・母音・子音の組み合わせでZATとかSIDのような発音できるが意味のない綴りを二〇〇〇個以上も作成した。無意味な材料を採用したのは、新たに記憶するプロセスをできるだけ純粋な形で測定したかったからである。普通の有意味な単語を使うと、意味に伴う経験や知識が影響するのは明らかで、そうした影響をできるだけ排除したかったのである。エビングハウスは自分自身が被験者となり、これらの無意味綴りをひたすら暗記した。たとえば、無意味綴りのカードを一〇枚作り、ある一定のペースで一枚ずつめくり、暗記する。これを何回繰り返せば一〇個の綴りを間違いなく答えられるようになるか。こうしたことをひたすらに測定したのである。このエビングハウスの古典的仕事には、実験心理学という分野の特徴がすでに非常によくあらわれている。それは、実験的なコントロールに強迫的なまでにこだわること、地味な作業をひたすら繰り返すこと、この二つである。現在に至るまで、実験心理学とはまさにそういうものだ。

一方、エビングハウスより六歳年下のジグムント・フロイト（一八五六－一九三九）が『記憶について』の一〇年後に出版した『ヒステリー研究』で問題にした記憶とは、激烈な感情体験をともなう、極めて個人的な内容の記憶である。フロイトは、ヒステリーの原因は外傷的な体験であり、この外傷的体験の記憶がヒステリー症状の中に象徴的に表現されていると主張した。すなわちこの論文の中の有名な言葉によれば、「ヒステリー患者は主に回想に悩まされている」のである。そして初期のフロイトは、ヒステリーは外傷的体験の記憶を意識化することによって治療可能であると考えた。

フロイトが取り上げているヒステリーの症状とはたとえば次のようなものである(1)（三七－四一頁）。若い女性患者で、病気の父親を看病していた。次第に憔悴し、やがて次々と症状が現れる。「左後頭部に痛み。内斜視が興奮によって著しく昂進。壁がこちらに倒れてくるという訴え。……頭部を動かそうとすると、患者は両肩をいからせ、両肩の間に頭部を後ろ向きに押しつけ、そして背中全体とともに体を動かすほかなくなった。……そののち彼女の話からはあらゆる文法が失われ、シンタックスも動詞の活用変化もなくなってしまった。……（その後）錯語は消えたが、今度は英語しか話さなくなった。しかしどうも彼女はそのことを知らないようだった」。こうした激烈な症状に加えて彼女は幻覚に悩まされ、時に深い昏迷におちいる。その後彼女は精神分析的面接を受ける。そして面接のプロセスにおいて「彼女が不安と恐れに震えながら幻覚に現れた驚愕的な像をすべて再現し、それらについて語り尽くしてしまうと、彼女の心は完全に解放されたのである」

（四八頁）。これらの症状は、外傷的記憶の象徴的な表現であるとフロイトは考えたのである。

無意味つづりの丸暗記と外傷的な体験の記憶ほど、かけ離れたものはないだろう。この二つの間の距離は遠く、これら二つをともに「心理学」という名で呼ぶのは無意味であるとさえ感じられる。しかしこの二つの記憶研究の違いは、現象と方法のどちらによりこだわるかということにすぎないのかもしれない。フロイトの本を読めば、こうした迫力ある症例が次々に登場し、読者はその現象的な豊富さに圧倒される。これらの現象に対するフロイトの解釈は鋭く、どんな推理小説よりも魅力的である。しかしフロイトの主張をガリレオ的・ベーコン的な「実証性」にこだわって検討するならば、「これは本当だろうか、その根拠は？」と困惑することも多い。一方、エビングハウスの研究には迫力ある現象や魅力にみちた解釈などはほとんど出てこない。したがって全体をさっと概観しただけでは「なぜこんなどうでもいいことを研究するのか？」という印象しか持てず、「実験心理学とは困惑するほど退屈なものである」ということになってしまう。しかし実証的な「ベーコン主義」にしたがえば、これは極めてすぐれた研究である。記憶というあいまいで主観的な世界を、実証主義に徹底することによって研究することに成功しているのである。つまり、エビングハウスの研究の「退屈さ」は、実証を重視する科学的研究の特徴そのものなのである。科学というといかにも華やかな印象を持つかもしれないが、実際に科学研究の現場で進行しているのは、いつも地味で細かい作業の連続なのだ。つまり「人間の記憶について科学的に研究しよう」という目的を果たすためには、エビングハウスの採用した方法は全くふさわしいものであった。まさに

「心の理学」である。

このように、心理学は一九世紀後半にいわば「双子」として生まれた。この二つの潮流は全く対照的であるものの、同時に極めて近接してもいる。高名な精神医学史家であるアンリ・エランベルジェはフェヒナーとフロイトのいちじるしい類似性を論じている。「フェヒナーとフロイトはともに清廉高潔な人であり、勤勉で忍耐強く、関心の幅が広かった。二人とも大量にものを書き、それもみごとな文体の人であった。いずれも美術に関心を持ち、傑作を心理学観点からとりあげた。……二人の著作を読むと似ている点の多さに驚く。思考の内容ばかりでなく、文体と思考法もである」[2]（九〇－九一頁）。人物像の類似のみでなく、エランベルジェはさらにフロイト理論の重要な概念のいくつか、たとえば「心的エネルギー」や「快不快原則」が、フェヒナーの著作から直接に発想を得たものであるとしている。実際、フロイトは『夢判断』、『精神分析入門』などの著作で、フェヒナーを直接に引用している。現代では心理物理学と精神分析学はお互いの名前さえよく知らないほど遠く隔たってしまっているが、もともとは全く兄弟のようにして誕生したのである。一九世紀のドイツ語文化圏の持つ「時代精神」が、同時に二つの心理学を生み出したのだ。

またさらに、この二つの潮流は一九世紀のウィーン大学医学部という具体的な場所で、具体的な人間関係としても近接している。すなわち、ヘルムホルツはヨハネス・ミュラーの弟子であり、ヴントはヘルムホルツの弟子であった。一方、神経生理学者のエルンスト・ブリュッケはヘルムホルツの同僚で、フロイトはブリュッケの弟子だったのである。このように、一九世紀にドイツ語圏において神経科学の基礎が築かれた時代に、ヴントとフロイトはごく近い場所にいたのである。さらにまたフロイトは若いときに「科学的心理学草稿」という論文草稿を書いていた。これは神経系の基本的な知識を基盤にして人間の高次な精神過程を説明しようとする野心的なものであった。しかしこの計画は、当時の神経生理学の知見が限られているために破棄され、フロイトは独自の概念を駆使して精神分析学を構想し始めるのである。こうして二つの潮流はたもとを分かち、次第にお互いを軽蔑の目で見るようにさえなる。

一方、ヴントの研究室を中心とするドイツ語圏で学んだ若いアメリカ人たちは、アメリカに戻って独自の心理学を構想し始める。二〇世紀の心理学はアメリカが主要な舞台となるのである。

3　アメリカ合衆国における社会科学の形成

アメリカで生まれたプラグマティズムという哲学思想は、現代心理学の重要な基礎である。この思想は一八七〇年代に哲学者・物理学者であったチャールズ・パースを中心に形成され、アメリカにおける第一世代の心理学者・哲学者のウィリアム・ジェームズ（一八四二－一九一〇）によって体系化された。哲学史的にはイギリスの経験主義から派生したものであるとされる。プラグマティズムとは「実用主義」などと訳され、よく「役に立たないものは無意味である」のように通俗的に紹介されることがある。しかしプラグマティズムの思想はもっと深みのあるものである。プラグマティズムの根幹には、「概念は、行為と関係づけられて初めて有意味となる」という考え方がある。たとえば「悲しみ」という概念は、実際に悲しんでいる人間の行為によってこそ初めて明確になるだろう。同じように、「ダイヤモンドは非常に硬い」という概念は、ダイヤモンドに傷をつけるという行為が非常に難しいということによってしか基礎づけられないだろう。このように、概念の定義には必ずある行為が関与している。それどころか、概念の定義とは行為によってしか与えられないとさえ言える。行為を無視した概念定義は、不明確で無意味である。こうした考え方は「操作主義」とも呼ばれ、後述するように二〇世紀の心理学の基盤となる。

機能主義心理学の形成

プラグマティズムは、心理学において「機能主義」という立場を生み出した。機能主義とは、心理学の目標は心の機能を明らかにすることである、という立場である。概念は行為によって定義されるものという思想は、心を分解可能な諸要素の複雑な化合物としてみる、ドイツの構成主義を無意味だと考えた。なぜなら心とは、実際上の有用性のある行為から推測される、人間の持つ動的な「働き（機能）」であり、人間の体内に静かに鎮座する（プラトン的な）実体的化合物ではないと考えるからである。機能主義の一番古い例は、プシケーを生命の機能（動詞的なもの）と考えたアリストテレスの思想にみることができる。そこで重要なのは心が何からできているかというような問題設定ではなく、心とその表現である行為は、どのような機構によって生起するのか、それはなぜ生起するのか、それは生物にとって何の役に立っているのか、という問題設定である。「機能主義心理学とは、心のWhatではなく、HowとWhyを追求する」というエンジェル（後述）の言葉がある。この立場は、アメリカに渡ったヴントの高弟で「ヴントよりもヴント的」とさえ言われたエドワード・ティチェナーの構成主義心理学（心理学の目標は心を構成する要素を発見しその相互関係を明らかにすることであるとする立場）との間で激烈な論争を生み出した。「構造か機能か」という論争は、現代からみれば不毛にも感じられるが、この論争を通じて心理学はいわば「アメリカ化」していくのである。この機能主義と上述の操作主義は、現代の心理学を駆動する車の両輪であり、後に再び詳しく考察する。

このアメリカ心理学界の黎明期（次に述べる行動主義の登場に先立つ）は、現代の心理学を理解する上で非常に重要である。なぜならばこの時代に初めて、もっぱら認識論に集中していた心理学は、具体的な社会問題と直面するようになるからである。この心理学の「社会化」の背景には、理論の妥当性は社会的実践によって評価されるべきであるという、プラグマティズムの思想があったのである。プラグマティズムに基盤をおいた機能主義心理学者たちは、二〇世紀初頭に「社会科学」としての新たな心理学を構築していく。そこには、科学的研究で得られた成果を積極的に社会に還元し、それによって社会を改良し、人間の生活を向上させようとする姿勢がある。そこにはまた、キリスト教にもとづく明快で楽天的なヒューマニズムが見て取れる。実に「アメリカン」な心理学である。たとえばアメリカ心理学の第一世代に、スタンレー・ホール（一八四四－一九二四）

という立役者がいる。彼はドイツで直接ヴントに学び、帰国後にクラーク大学で教鞭をとり、同大学の総長となった。同世代の内省的なウィリアム・ジェームズ（後述）とは好対照をなす外向的人物で、抜群の組織力を発揮し、学術雑誌（American Journal of Psychology. 今でも存続しており、英語の心理学雑誌の最初のものである）を発行し、「アメリカ心理学会（ＡＰＡ）」を創立した。また当時ヨーロッパではほとんど顧みられなかった精神分析運動に強い関心を示し、一九〇九年にフロイトとユングをクラーク大学へ招聘した。これをきっかけに、精神分析の思想はアメリカ社会に急速に浸透し始める。

そして、ホールに学んだジョン・デューイ（一八五九－一九五二）、ジェームス・エンジェル（一八六九－一九四九）などの第二世代が、シカゴ大学を拠点として心理学の範囲を飛躍的に拡大し始める。当時のシカゴ大学は機能主義心理学の牙城であり、「シカゴ学派」と称されることがある。シカゴ学派の重要な功績は、アメリカの教育制度の基盤を作ったことである。デューイはおそらく世界で初めての大学付属幼稚園を創設し、科学的な教育制度の整備に努めた。彼は心理学の枠を越え、「民主主義と教育の哲学者」としてアメリカの歴史に名を残している。またエンジェルは、若いころは気鋭の実験心理学者で、「反射弧の概念」という論文を書いたり、ティチェナーと激しい論争をくりひろげたりしたが、その後に教育行政へ転じ、「アメリカ教育界の父」とさえ言われるようになった。エンジェルの人生は、アメリカの心理学者のキャリア・パスの一つの規範である。このようにアメリカでは、はじめから心理学と実際の社会の結びつきが極めて強かったのであり、それは今でも変わっていない。このようにして、教育心理学、児童心理学（発達心理学）、社会心理学、文化人類学などが、ほぼ同時に同じようなメンバーによって次々と体系化されていく。文化人類学は心理学の近接領域であるが、独立の学問である。文化人類学は、フランツ・ボアズが中心となって二〇世紀初頭に確立された。彼のもとで『菊と刀』のルース・ベネディクトや『サモアの思春期』のマーガレット・ミードなどの俊才が育った。しかしあまり知られていないが、ボアズは若いころ心理物理学を志してヘルムホルツに師事したことがあり、またホールが総長を務めるクラーク大学に勤務していたことがある。このように、文化人類学は人間関係的にもまさに「心理学の隣」で生まれたのである。このように、二〇世紀初頭にドイツ的な実験心理学はアメリカ的な社会科学と融合し、心理学の範囲は大きく拡大したのである。時代は少しあとになるが、「カウンセリング心理学」もこの流れの中に位置づけることができる。

4　ダーウィンによる進化論の確立

ここまででもすでにあきらかなように、一九世紀後半の科学界では、実に多くの重要事件が起きている。その中でも最大級の出来事は、チャールズ・ダーウィン（一八〇九－一八八二）の『種の起源』（一八五九）による進化論の登場であろう。進化論は心理学の形成に大きな影響を与えた。進化論の影響を受けなかった学問分野などあり得ないのだが、心理学に対するインパクトは絶大かつ直接的なものがあった。その影響は、（1）人間観の根本的な変革、（2）個人差や人種差など、人間の差異への関心の高まり、（3）統計学の発展、の三つに要約できるだろう。

人間観の変革

現在みられる極めて多様な生物種は、共通の先祖から分化したものなのではないかという考え方は、ダーウィンの以前からあった。キリスト教の教えに反する「危険思想」にもかかわらず、多くの知識人がこの可能性について勇気ある考察を残している。しかしダーウィン以前には、この「種の多様性」を増加させるメカニズムについて明確な説明を与えることができなかったのである。

ダーウィンは「自然選択」という全く単純な機械論的仮説によってこのメカニズムを説明した。ある生物群において、ある特定の性質がたまたまある環境において適応的なものであるとき、その性質を持った個体は多くの子孫を残す確率が高くなるだろう。したがって同じ種に属する二つの群が異なる環境下で孤立した場合、この環境による適応的性質の選択によって、それぞれの群は異なる性質を持つ子孫を多く残す。その結果、二つの群の間の差はしだいに増大する。この状況が長期間続けば、やがてこの二群は相互に交配不能なほど差が大きくなる。これが自然選択による種の分化である。

この単純きわまる機械論は、ガリレオの機械論的世界観を生物圏まで拡張し、そして伝統的思想の最後の砦とでも言える「人間の由来」に機械論的説明を与えた。それは啓蒙主義の一つの究極的な到達点といってよいだろう。この思想は、人間に特権的地位を与えていた伝統的キリスト教的人間観を打破し、人間観を根本的に変革したのである。『種の起源』が出版された一八五九年は、たとえばデューイが生まれた年である。「科学的心理学」を構想した彼らが、どのような知的雰囲気を持った時代に育ったかを端的に示している。

個人差研究・優生学・社会ダーウィニズム

第二に、生物群における個体間の変異は自然選択説の核心であるから、進化論の登場によって個人差や人種差など、人間の差異への関心が急速に高まった。この側面をもっともよく代表するのは、ダーウィンのいとこであるフランシス・ガルトン（一八二二―一九一一）による「優生学」の提唱である。優生学とは、健康で優秀な子孫を多く生み出すための科学的研究である。しかしこの一見まことに結構な目的の背後には、犯罪者や精神障害者、発達障害者などの「劣った」遺伝子を「国民の血統」から排除しようとする負の側面があった。一九世紀末のロンドンでは、産業革命の結果、人口の過度な集中と環境汚染が進み、様々な社会問題を抱えていた。犯罪が増加し、街には貧民があふれていた。上流階級は下層階級が多産であることを憂い、それに俗流に解釈された進化論を結びつけ、このまま放置すれば下層階級に上流階級が駆逐されてしまうと真剣に考えた。そこで優秀な人間が多くの子孫を残すように人為的に誘導しようと考えたのである。つまり階級間の「生存競争」である。

ダーウィンの自然選択説を「強いものが生き残る」と単純化して解釈し、社会現象へ当てはめようとする立場を「社会ダーウィニズム」と呼ぶ。自然選択説は（1）群が相互に隔離され、（2）非常に長期にわたるプロセス（おそらく数万年とか数十万年）によって、（3）もともと中立的な性質が特定の環境下で選択される、ということを想定しており、社会における「生存競争」とは全く異なる。ほとんど何の関係もないと言えるだろう。つまり社会ダーウィニズムは自然選択説を誤解している。しかし一九世紀末のヨーロッパは帝国主義の時代であり、列強が植民地の奪い合いにしのぎを削っていた。その時代に自然選択説は、「強いものが生き残る」という立場に科学的保証を与えたことにされてしまった。すなわち列強による植民地支配は自然の法則にかなったものであり、劣等な民族は滅亡する運命なのである。このように社会ダーウィニズムは民族間や社会階級間の抗争を科学的に正当化する格好の理論となり、社会的弱者を保護することは人類を「退化」させる愚行であるとさえ主張されたのである。

優生学思想は母子の健康の増進や清潔な環境の整備、産児制限（家族計画）の思想の普及、健康な男女の組織的な「お見合い結婚」の推進など、プラスの側面も多く持っていた。しかし結局は「民族の血液の浄化」などという激烈なスローガンと結びついて、ナチスドイツによるユダヤ人の絶滅政策まで行きついてしまうのである。ガルトンの個人差研究は、心理学における知能検査や性格検査の開発へと発展していった。個人差研究は適切に用いられればすばらしいものであるが、常に負の側面を抱えざるを得ない。それは歴史がすでに十分以上に証明している。個人差研究が「個性の尊重」であるうちは美しいが、一つ間違えばそれはすぐに差別へと落ち込んでいくのである。

統計学の発展

第三に、進化論と優生学研究のためにガルトンは生物統計学の研究を推進した。ガルトンは現代でいう「相関関係」の概念を直感的に発見し、カール・ピアソンに研究費を援助してその数学的な理論化を進展させた。ピアソンはこれによって「積率相関係数」を生み出した。ガルトンの死後、遺言によってロンドン大学に「優生学講座」が作られ、ピアソンがその初代教授になった。ダーウィンの時代には遺伝学はまだ存在しなかった。二〇世紀になってからメンデルの遺伝法則が再発見され、実体的な遺伝子の交配を想定することで個体の変異とその遺伝が説明できるようになった。このように、ダーウィニズムとメンデル遺伝学の統合によって「ネオダーウィニズム」と呼ばれる現代的な体系が構築された。ロンドン大学の優生学講座はこの体系の統計学的な基礎づけに大きく貢献し、遺伝学と生物統計学の世界的中心となった。優生学講座は、知能研究のチャールズ・スピアマンや分散分析法の創始者であるロナルド・フィッシャーなど、現代の心理学に大きく貢献した多くの重要な人物を輩出したのである。二〇世紀前半から中盤にかけて、科学的心理学を構築しようと努力していた心理学者たちにとって、生物統計学は非常に強力な武器となった。生物統計学（バイオメトリクス）は心理統計学（サイコメトリクス）となり、心理学の内部においてさらに発展する。心理学科の学生は統計学に苦しめられる不幸な運命を背負っているが、統計学の導入なしには現代の心理学はそもそもあり得なかったに違いないのである。

蛇足であるが、心理学で統計学がどのように生かされているかについて、大きな誤解をしている人がいるようである。これも心理学の間違ったイメージの原因の一つと考えられる。ある受験生の面接での発言がこの大発見（？）のもとになった。面接担当の教員（筆者）が、「心理学では数学みたいなこともやるけれど、大丈夫ですか？」というような質問をした。それに対し受験生は「はい、心理学はデータと統計の学問ですから」と答えた。一見立派なやりとりであるが、筆者はこの受験生の答えに恐るべき誤解を嗅ぎとってしまった。それはプロ野球の野村監督のいわゆるＩＤ野球（「野球はデータや」）のような発想である。人の行動に関する膨大なデータを集め、それによって行動の意味や予測ができるようなデータベースを構築しているのが心理学だ、とこの受験生は思っていたのではないだろうか。つまり「二ストライク三ボールでは、打者は打っていこうという気持ちが強くなっているので、外角の落ちる球を投げればぼてぼてのピッチャーゴロで仕留めることができる」というたぐいの「データと統計」である。これを「心理学」に当てはめると、「一度彼女に振られた男は臆病になり、次の恋愛をするときには必要以上に相手にあわせようとし、その結果優柔不断と思われ、結局また振られることがある。その確率は統計によると約三〇％」ということになるだろうか。これはテレパシーの代わりの「統計」である。こういう法則は心理学には一つもありませんのでご注意を。さらに後の章で述べるように、心理学には「行動主義」という言葉がある。この言葉と「統計」が結合して、上記のような誤解がますます助長されることになっている可能性もある。筆者は実際に、新入生から「先生は統計を使って他人の行動を見ると全部わかっちゃうんですか。そういう統計ってあてになるんですか」というような質問をされて、困惑したことがある。この例では「統計」はID野球的に、「行動」とは「しぐさ」のような意味で用いられているのだろう。統計で他人のことが全部わかっちゃうなら、筆者の人生はもっと富と栄光に満ちたものになっているはずである。

心理学における統計学は、記述統計学と推測統計学からなっており、特に後者の理解が大切である。推測統計学（推計学）とは、小数の集団（サンプル）の情報からその集団が属する全体（母集団）の傾向を推測する技術である。たとえば、四〇人の小学生と中学生に同じ国語のテストを実施したら、小学生の平均点が六〇点、中学生の平均が五〇点だった。この結果から「一般に小学生の方が中学生より国語力が高い」と言えるだろうか。多くの人は「一般的結論を出すには、四〇人だけのデータでは当てにならないのではないか」と考えるだろう。しかし日本の小中学生全員のデータを取ることは実際には不可能である。そこで推計学の技術が役に立つのである。心理学でも「人間は一般に…である」という仮説を立てることが多く、少数のデータから人間一般についての仮説を検討するために推計学が必須なのである。

進化論と心理学

後述するように二〇世紀の心理学は行動主義の時代を迎え、動物実験を中心とするようになった。しかし行動主義には極端に環境主義的な傾向があり、個々の生物種に特有の進化の結果獲得された能力はほとんど無視され、実験室の人工的な環境における安価な実験動物の学習プロセスのみに関心が集まった。このため心理学は、個人差研究や統計学など、進化論からの多大な恩恵を受けながら、一方で進化論とはかけ離れた方向へ進んでいったようにみえる。二〇世紀中盤には生物の多様な先天的メカニズムに関する自然史的な研究が大発展し、コンラード・ローレンツの刷り込み現象の発見やカール・フォン・フリッシュのミツバチのダンスの研究はノーベル賞を受賞した。これらは比較行動学と呼ばれるが、心理学はこれらの優れた研究とは全く無縁だったのである。また一九六〇年代以降には、遺伝子の機能の解明が進んだことを背景に、人間の行動と他の動物種の行動を統一的に把握しようとする「社会生物学」という強力な潮流が現れた。たとえば動物界に普遍的にみられる利他的行動（自分を犠牲にして他の個体を助けようとする行動）は、単純な自然選択説では説明が難しい。社会生物学は、個体ではなく遺伝子情報を保存し継承することが動物の行動を決定すると解釈し、大きな話題となった（いわゆる「利己的遺伝子」論）。しかし心理学はこれにも背を向け、むしろ「遺伝子決定論と動物行動の擬人化は危険である」という非難の言葉を浴びせかけた。そのかたくなな態度には、優生学のトラウマが感じられる。実際に一九五二年にユネスコは、人間行動を遺伝的、生物学的要因で説明することを禁ずる宣言を採択している。これはたとえば人種間の知能の差など、優生学的・社会ダーウィニズム的な思想や政策を、科学のレベルでなく政治のレベルで禁じようとする試みであった。このような時代背景もあり、進化論と心理学は、長い間非常に相性が悪かったのである。

しかし二〇世紀の終盤に「進化心理学」という新たな発想が現れた。現代の進化心理学の革新的な点は、大型霊長類の一種からヒトが進化したとき、環境の選択圧は「複雑な社会行動における人間関係の調整の能力」に対して働いたと考えるところである。ヒトの著しい特徴はその社会性である。社会を維持するためには、他者の個性を知り、他者の考えを推論し、協調行動をする必要がある。またしばしば、他者の行動を先読みし、うまく立ち回り、それによって他者を出し抜き、だまし、裏切ることも重要である。また逆に、他者の裏切りをできるだけ早く感知し、自分に害が及ばないように立ち回り、制裁を加えなくてはならない。こうした社会的な知性のことを「マキャベリ的知性」と呼ぶことがある。(3) つまりヒトは権謀術数の渦巻く社会の中で、他者の心を読む能力を発達させることでヒトに進化したというのである。現在、進化心理学は心理学全体を飲み込みそうな勢いで発展している。「優生学のトラウマ」はどこへ行ってしまったのか、と心配になってくるほどである。この心理学と進化論の間の不連続かつ不安定な関係は、神経症的とさえ言える。フロイトが生きていたらきっと興味深い説を提出してくれただろうが、この問題はあまりに大きいので、それだけを主題にした本によって論じられるべきであろう。

5　四つの源流から二〇世紀の心理学へ

一九世紀のドイツにおいて、心理学の成立に関わった多くの研究者はユダヤ人であった。二〇世紀になるとヨーロッパの政治情勢は非常に不安定となり、多くの優秀なユダヤ人学者が大西洋を渡ってアメリカの大学の職に就く。これは心理学だけで起きた現象ではない。こうして心理学の中心は徐々にアメリカに移り、すでに述べた構成主義と機能主義の論争を経てプラグマチックで機能主義的な心理学が主流となっていった。次章でみるようにドイツ流の意識心理学は攻撃され、行動主義という強力な思想にすべてが吸収されてしまう。社会科学的な分野も行動主義のもとで再編成される。様々な統計的技法が開発され、研究方法は洗練され、心理学はいかにも科学的な姿になる。一方で精神分析の潮流はアカデミックな心理学からはずっと排除されてきた。アメリカにおける臨床心理学は行動主義に基づく行動療法というものを生み出し、精神分析治療は非科学的なものとして非難された。しかしそれは変質しつつ大学外のアメリカの社会に根付き、現代まで続いている。しかも興味深い事実として、「心理学者が一番影響を受けた心理学書」のようなアンケートでは、フロイトの著作はいつも上位を占め続けたのである。心理学者は大学人として行動主義的、機能主義的にふるまいつつ、個人としてはフロイトのアイデアの豊かさに魅了されていたのだろう。

こうして、実験心理学、精神医学と精神分析学、プラグマティズム的社会科学、進化論と統計学が急速にアメリカのアカデミズムの中で結びつき、現代の心理学の姿ができあがったのである。その結果が、第二章で示した現代心理学の二重四環構造である。こうして心理学は、実に多くの問題意識を持つ複雑で巨大な分野となった。しかし、心について考えること、という「大きな絵」の観点から見ると、これまで述べた心理学はもっぱら心の機能と人間の行動についての研究に特化し、生命と死について、人間関係と倫理については、ほとんど取り扱っていない。人間関係に関しては社会心理学や精神分析学で重要なテーマとなっているが、そこから実践的な倫理を生みだすことは困難のようにみえる。しかしこれには理由がある。

第一に、生と死の問題は、心理学に限らず、大学で行われる学問全般から追放されたといってよい。もちろん死についての考察がなくなるわけはなく、終末期医療の現場などで真剣な検討がされている。しかしそういう場合にも「死後の生」についてはほぼ誰も語らない（例外としては「死ぬ瞬間」をはじめとする多くの「死にゆく人々」についての著作で有名なエリザベス・キューブラー＝ロスがいる。彼女は死後の世界は存在すると明言している[4]）。「死後の生」を語ることを避けるという学問世界の雰囲気は、一九世紀終盤から二〇世紀初頭にかけての「心霊学」の大ブームと関係がある。この頃、「こっくりさん」を使って霊界と交信したり、霊媒がトランス状態になって死者の言葉を語る「降霊術」など、実に様々なことが行われた。その信憑性については科学界でも問題になり、高名な科学者が解明に乗り出し、そこに多くの心理学者も関与した。この時代の基本的考えとしては、死後の世界の実在が証明され、死者と交信できることが科学的に明らかになれば、それは近代科学の最終的な大勝利である、という実にナイーブなものであった。しかし結局、高名な学者たちは海千山千の霊媒たちに翻弄されだまされ続けたあげく、研究を放棄してしまう。死後の世界の存在は証明することはできなかったが、完全に否定することもまた難しかった。こうして科学者は次第にこうした問題（スピリチュアリズムという）に決別し、科学は死後の世界について否定も肯定もしないという「不可知論的」立場をとるようになる。この問題は次章でも取り上げよう。

第二に、倫理の問題も「科学的心理学」の範囲で扱うことは非常に難しい。倫理の問題で興味深いのは、化学とのパラレルな関係である。化学は科学化される以前には錬金術と呼ばれ、神秘的な方法によって卑金属を金に変容させることがその目的であった。しかし錬金術師になるためには物質の知識だけでは不足で、身を清め、雑念を払い、きびしい精神修行を積まなくてはならなかった。しかし錬金術が科学化されると、かつて重要な役割を持っていた精神修行の側面は完全に切り捨てられ、物質の実証的研究だけが残ったのである。これと全く同じように、かつては心霊的要素や精神修行的要素（これらの要素はすでに述べたフェヒナーの研究に多くみられる）を豊富に持っていた心についての研究は、科学化されることで実証主義的にアプローチ可能な問題に自らの関心を絞ることになったのである。これは、前章で述べた科学的活動は価値観から自由でなくてはならない、という科学の没価値性という観点からも支持された姿勢である。しかしこれもすでに述べたように、科学が社会的責任をまぬがれることはない。倫理の問題はむしろ「社会科学」としての心理学の中で、実際の社会問題の改善という形で追求されるようになる。倫理と社会関係の問題は、良くも悪くもキリスト教的ヒューマニズムに支えられたアメリカ社会においては、心理学だけの取り扱う問題ではない。このようにして二〇世紀の心理学は、科学化にともなう必然として、もっぱら心の機能と人間の行動について考える分野となった。そこには子供の言語の発達や、教室での生徒の振る舞いのコントロールや、人間行動についてのありとあらゆる研究が含まれるようになったのである。この二〇世紀アメリカにおける心理学の発展を次章で述べる。

引用文献

（1）ヨーゼフ・ブロイアー／ジークムント・フロイト『ヒステリー研究（上）』（金関猛訳、筑摩書房、二〇〇四年）
（2）エランベルジェ『エランベルジェ著作集1』（中井久夫訳、みすず書房、一九九九年）
（3）リチャード・バーン／アンドリュー・ホワイトゥン『マキャベリ的知性と心の理論の進化論』（藤田和生・山下博志・友永雅己訳　ナカニシヤ出版、二〇〇四年）
（4）キューブラー＝ロス『死後の真実』（伊藤ちぐさ訳、日本教文社、一九九五年）

第五章　「科学的心理学」への道

1　スピリチュアリズムとの決別

心理学はその誕生の時から二面性を持っていた。すなわち厳密な実証科学への指向性と、実証主義に乗せることがなかなか困難な、豊穣で複雑な精神生活の理解への指向性である。フェヒナーの時代まではこの二つは一人の人間の中で共存可能だったようである。彼の論文には「天使の比較解剖学」とか「植物の心的生活について」など、驚くべき題名のものがある。彼は極めて自由奔放にあらゆる問題に興味を示し、一九世紀の学問世界はそれを許容した。

しかし時代が進むにつれ、この二つは全く相容れないものになっていく。そういう時代に、この二面性をもっとも正直に生きた心理学者は、アメリカのウィリアム・ジェームズ（一八四二―

一九一〇）であろう。ジェームズはドイツで実験心理学を学び、アメリカの第一世代の心理学者となり、ハーバード大学で長く心理学と哲学を講じた。その興味の範囲は生理学的心理学から心霊学までにわたる、極めて広範なものであった。ジェームズは生理心理学を体系化した大きな著作『心理学原理』（一八九〇年）とともに、対照的な『宗教的体験の諸様相』（一九〇二年）という著作を残している。またプラグマティズムの哲学を本格的な体系にまとめ上げるという大きな仕事も残している（『プラグマティズム』一九〇七年）。ジェームズはヴントの要素主義を強く批判したが、一方でドイツ的な意識心理学を継承している。彼は内省的で孤独な人であり、健康上の問題も抱え、悩みの多い人生を送った。ジェームズは一八八五年に発足したアメリカ心霊研究協会の創立メンバーの一人であり、一八九三年にはイギリス心霊研究協会の会長にも就任し、ハーバード大学教授というアカデミック世界の中枢にいながらも果敢に心霊学の研究に挑んだ。彼は一八八五年に最愛の息子を一歳で失った。しかもそれは母親の罹患した猩紅熱《しょうこうねつ》が感染したためであり、家族は悲しみにうちひしがれた。この件についてジェームズは手紙の中で「あの子には何かもっとすばらしい運命が待っているにちがいない」（一二六頁）と書いている(1)。一人の父親としての気持ちの率直な表明である。こういう個人的な事情もあり、ジェームズは死者との交信という考えに真剣に取り組むようになった。積極的に降霊術の集会に参加し、冷静に証拠を集めようとした。こうしたジェームズの行動に、同時代の心理学者たちは大きな危惧を抱いた。たとえば知能研究で高名なコロンビア大学のキャッテルは、ジェームズの心霊研究を学術雑誌上ではげしく非難した。

前章の最後で述べたとおり、一九世紀末から二〇世紀初頭に「心霊学」の大ブームがあった。これは科学的合理主義の行き過ぎに対する一つの反動現象であるといわれる。当時の雰囲気としては、錬金術が化学になり、占星術が天文学になったように、心霊学も十分に発展すれば重要な科学の一つになる、という極めて楽天的な考えがあった。そのために多くの科学者たちが死後の世界の実在について関心を持つようになった。しかし科学的な検証の結果、最終的に明らかになったことは、「心霊現象」の多くは全くのペテンであるということだった。「物体浮遊」は物体を細いひもで引っ張っただけだし、「ポルターガイスト」は床を足で踏みならして音を出していた。「死者の言葉」も腹話術によるものだった。こうした驚くほど単純な仕掛けに当時の最高の科学者たちは簡単にだまされたのである。もちろんすべての心霊現象がペテンであるわけではなく、どうしても説明できない一部の現象は謎のまま残った。しかし科学者たちは心霊現象に急速に関心を失っていった。

一番最初に指摘したように、心について考えることは、生と死について考えることである。しかし科学化した認識論であるところの実験心理学は、感覚・知覚などの研究に専門化し、そこから死後の生や倫理については何も得ることができなくなった。したがって真摯に心の問題を追究するならば、心霊研究に打ち込むジェームズの行動は理解不能ではない。実際、ニュートンやガリレオは機械論的宇宙観を構築しつつも、おそらく人間の精神活動をも時計仕掛けだとは考えていなかっただろう。一七世紀当時はまだ科学的な活動と魔術的・オカルト的なこととが現代ほど分離しきっておらず、一人の人間の中で十分に同居が可能だった。しかし一九世紀末において科学とオカルトの境界はだいぶはっきりしたものになり、後者は正規の学問の世界から放逐された。この時代において、ジェームズは両者を同時に追求した最後の人間となったのである。

実は日本にもジェームズに似た例がある。福来友吉はティチェナーのもとで学んだ気鋭の心理物理学者であったが、「念写」（遠くにあるものや心の中で考えたものを写真に撮る超能力のこと）の研究に引き込まれ、これが一種のスキャンダルとなって東京帝国大学助教授の座を追われた。福来はその後の生涯を心霊研究に捧げているが、今にしてみると、やはりこれもペテンにかかった例のようである。このように、もっとも厳密な「主観性」の科学的研究を可能にした心理物理学のすぐとなりには、主観性そのものと向き合おうとするオカルト的な指向性が常に存在した。しかし降霊術師たちは巧妙なペテンで科学者をさんざん翻弄した。このために、後の心理学者たちはオカルトの排除に非常に神経を使うようになったのである。心理学者たちがしつこいほどに「心理学は科学である」と繰り返し続けた理由の一つには、世間からオカルトまがいの学問とみられることへの大きな恐怖感があったのにちがいない。

こうした経緯を経て心理学における「死後の生」の研究は封印された。これはもちろん心理学に限ったことではなく、現代の学問分野で、死後の生について語っているものはほぼ皆無であろう。スピリチュアリズムは大学から追放された。ただしそれは死後の生の否定というよりは、そういう問題は科学では取り扱えないとする、「不可知論」の表明である。

2　意識心理学の問題

このように、「心霊」は心理学から追放された。しかし驚くべきことに、これに続いて「意識」さえも心理学から追放されるのである。前章でみたとおり、ヴントの創始した実験心理学は、意識体験の科学的・実証的解明をめざした。しかしそのようなことが本当に可能なのだろうか。彼の採用した内省報告法は、その後あてにならないものであると激しく批判された。だが彼自身、この方法に満足していたわけでは決してない。しかし方法論の詳細を批判する前に、より原理的な水準で考えてみよう。すでに述べたようにベーコン的・ガリレオ的な近代科学は、自然現象を目的性や人格性によって理解しようとするアリストテレス的な自然観を批判することで成立した。ガリレオ的な世界観とは機械仕掛けのメタファーである。それが近代科学なら、それは意識体験を対象にできるだろうか。

科学的態度を貫徹するならば、研究対象のふるまいを意志や人格性で説明することは禁じられる。物体が落下するのはなぜか。それは物体が落下したいからだ、という説明をするならばそれは科学ではない。物体が母なる大地に「魅惑され」、そこへと帰還することを「意志する」と主張すれば、それは科学ではなく一種のオカルトである。同じように、人間が泣いた、それはなぜか、と問うたときに、それは彼が悲しくて泣きたくなったからだ、という説明をするならばそれは科学ではないだろう。つまり、科学的心理学がもし存在するならば、それは対象に「心」を措定してはいけないのである。科学であれば対象に意志をみてはならない。したがって心をとりあつかうならばそれは科学ではない。つまり「心の科学」とは、もともと矛盾した言葉なのである。それは「丸い四角」という言葉のようなものである。もし心理学が科学的であろうとするならば、人間のふるまいのすべてを、非人格的に説明しなくてはならない。この構造の中で、人格を持つ存在は研究者本人のみである。つまり研究者自身は、自分のふるまいは自分の人格と意志によって基礎づけられていると感じている。しかし研究の対象となる他者のふるまいには、人格と意志をみてはならない。ふるまいのすべては、「客観的」で「機械論的」な説明をしなくてはならないのである。それがガリレオ的科学だから、どうしようもない。こうした議論をガリレオが聞いたらびっくりするかもしれないが、それが論理的帰結である。

啓蒙主義の時代は機械論的世界観を生み出した。それは最終的に人間の研究にまで及び、人間を機械論的に研究することが始まった。それが生理学であるうちは特に問題はないだろう。たとえば心臓の鼓動の原因として「心臓の意志」を考えることはナンセンスであり、考える必要もない。しかしヴントが自分の実験心理学の対象を「意識」であると規定したとき、大いなる矛盾が始まったのである。「意識」を非人格的に説明するとは、いったいどういう意味なのか。二〇世紀の心理学はこの難問と取り組まなくてはならなくなった。心理学のその後の展開は、心理学の中央に鎮座するこの大問題との戦いとして理解できる。

「意識の科学の不可能性」という問題をもっとも明確に指摘したのが、よく知られているジョン・ワトソンの「行動主義心理学」である。行動主義は心理学を徹底的に科学化・機械論化し、ドイツの心理学に含まれていた精神に特権的地位を与える二元論的傾向を一掃する。それは心理学史における重要かつ激烈な転回点であった。行動主義は二〇世紀の心理学に大変革をもたらし、だいぶアクロバティックな手法を用いて「心の科学」を実現しようとするのである。

3　行動主義宣言

ジョン・ワトソン（一八七八－一九五八）は一九一三年に『行動主義者の見た心理学』という著作を発表し、「心理学は行動の科学である」と宣言した。これを「古典的行動主義」と呼ぶ。刺激（S）と反応（R）の結合によってすべてを説明しようとするところから、「S－R図式」の心理学とも呼ばれる。ワトソンのいう刺激と反応、習慣の形成などの概念の基には、パブロフの「条件反射」の生理学がある。これはよく知られていることなので、あまり詳しくは説明しない。一九世紀の終わりに、ロシアの生理学者イワン・パブロフ（一八四九－一九三六）は、犬の唾液分泌という反応が、本来それを引き起こす刺激（食物）と中立的な刺激（音など）を一緒に提示することを何度も繰り返すことにより、中立的な刺激のみの提示でも生起するようになることを発見した。この現象は新たな行動が学習される基本的メカニズムに関わる極めて重要なものと考えられ、大きな注目を集めることになった。すでに述べたイギリス経験論哲学によれば、複雑な観念は単純な経験の連合によって生み出される。パブロフの発見は、まさにこの「連合」に生理学的基盤を与えるものと考えられたのである。したがってワトソンの行動主義は、ヴントを激しく批判しつつもドイツ流の要素構成主義を継承している。ワトソンは極めて意識的に、連合主義哲学の「観念の連合」をパブロフ生理学に基づいた「反射の連合」におきかえたのである。つまり、単純な反射が連合して複雑な習慣が形成されると考えたのであり、これも一種の「心的化学」である。

こうして「概念は、行為と関係づけられて初めて有意味となる」というプラグマティズム思想と機能主義に忠実に従い、なおかつパブロフ生理学による「観念連合」の科学的なメカニズムを基礎にして、「意識というオカルト」は科学的心理学から追放された。動物の条件付け実験を中心とする行動主義心理学は、その後のアカデミックな心理学を約五〇年にわたり支配したのである。行動主義とは、機械論的世界観を徹底した、科学的心理学の再構築運動であった。以下の引用にみられるとおり、ワトソンの心身二元論に対する攻撃は徹底している。彼にとっては意識とは心霊学に属する概念であったようである。

（ジェームズとティチェナーは、）心理学の主題は意識だ、と主張した。行動主義は、これとは逆に、人間の心理学の主題は、人間の行動だ、と主張する。行動主義は、意識というものは、明確な概念でも、有益な概念でもない、と主張する。つねに実験家として訓練されている行動主義者は、さらに、意識というものがある、という信仰は、迷信と魔術のあの大昔に生まれたものだ、と主張する。……このような宗教的な概念の一例は、どの人も、肉体から分離し、肉体とは区別される魂をもっている、という考えである。この魂は、実際には、神の一部分である。この古代の考え方から、「二元論」と呼ばれる哲学上の思想が生まれた。……（行動主義者は、）ヴントの研究室が設立されてから、三〇年も心理学が不毛だったのは、いわゆるドイツの内観心理学が間違った仮定の上に立っているという……宗教的な心身問題を含んでいる心理学は、決して実証可能な結論に到達できないという……決定的な証拠だ、と感じた。彼らは、心理学を断念するか、それとも心理学を自然科学たらしめよう、と決心した。……行動主義者は、すべての中世的な概念を追い払って、彼らなりに、心理学の課題を公式であらわし始めた。彼らは、感覚、知覚、心像、欲望、目標、思考、および情動のようなあらゆる術語を、主観的に定義されているという理由で、彼らの学問上のことばから振るい落としてしまった(2)（一五−一〇頁）。

社会心理学者のクルト・レヴィンは実際に「アリストテレス的」と「ガリレオ的」という用語を使用して行動主義的主張を行っている。クルト・レヴィンは二〇世紀中盤に活躍した心理学者で、行動主義とゲシュタルト心理学の思想を基盤にして、さらにそれに位相幾何学や場の力学を導入することで新たな社会心理学を構想した。彼は心理学におけるアリストテレス的な考え方とガリレオ的な考え方の間の対立について述べている(3)。

アリストテレス的物理学の概念は擬人的であって正確でなかったと言えるのであるが、このアリストテレス的考え方が心理学者の科学的思惟のなかに大きい影響をもたらしていたのである（二頁）。

アリストテレス流の構成概念はまだ地理的‐歴史的な所与に直接の関係を持っており、この関係は前述の価値概念の関係と同様で、小児や原始人の思考に類似している（八頁）。

この論の主旨は、心理学の多くの部分がまだアリストテレス的な思考法にとらわれていて、それは望ましいことではなく、物理学がガリレオ的考え方に転換したように、心理学も転換をはたさなくてはならないというものである。レヴィンはワトソンと同様に、アリストテレスの世界観を否定しガリレオ的世界観を採用するということが、研究の対象である人間を非人格化して機械論的にとらえるということを意味するということを、全く疑問に思っていないようである。これが心理学における「科学の時代」の到来である。

4　操作主義の確立

しかしワトソンの「古典的行動主義」は非常に極端な主張を含んでおり、個人的な事情により彼が学界を去ると極めて短期間に衰退した。その後、一九三〇年代以降に「新行動主義」と呼ばれる新たな潮流が生まれ、本格的な行動主義心理学が展開する。新行動主義は、現代の心理学の基礎となる構造を作り上げた。それは古典的行動主義の「S－R図式」に対して「S－O－R図式」と呼ばれる。Sは刺激、Rは反応で、「O」は生活体《オーガニズム》、つまり生き物のことであり、刺激と反応を媒介する一種のブラック・ボックス（＝精神過程）である。環境からの刺激によって、生活体内部で複雑な過程が生起し、その結果ある反応が生じる。「生活体内部の複雑な過程＝精神過程」とは具体的には中枢神経系の活動のことであろうが、それはまだ明らかにされていない。それは将来の神経系の研究によって開かれるべきブラック・ボックスである。しかしブラック・ボックスの中身が不明でも、刺激と反応の間の関係は科学的に研究可能である。なぜなら、プラグマティズム思想によれば「概念の定義とは行為によって与えられる」からである。刺激に対する反応（＝行為）によって「精神過程という直接見ることのできない概念」を定義しようというのである。

たとえば「AさんにBさんが突然殴りかかろうとしたら、Aさんは驚いて身をかわした」という単純な例を考えよう。この文のうち、観察可能なのは「殴りかかる」という刺激と「身をかわす」という反応のみであり、「驚いた」というのはこれらの刺激と反応の間に挟み込まれた「推定されるAさんの精神状態」である。馬鹿みたいな例であるが、これがS－O－R図式である。しかしこれは極めて重要な考え方である。なぜならそこにおいて、観察可能なSとRで、見えない精神過程を慎重にはさみ撃ちにすることで、ブラック・ボックスである「O」を論じることを可能にしているからである。つまり「殴りかかろうとしたら身をかわしたので、Aさんの内部では『驚く』という状態が生起しているのだろう」ということである。すなわちそこでは、「みえるもの」（刺激と反応）から「みえないもの」（精神過程）が推論されている。そして「驚く」という内的プロセスの定義そのものが刺激と反応による定義である。すなわち「驚き」とは、「殴りかかられて身をかわしたとき、そこに生じている内的状態」のことである。

新行動主義心理学は、「O」はブラック・ボックスであり、推論された眼にみえないものである、ということを非常にきびしく自覚した。そしてこの留保条件をつけることで、心理学に「精神過程」を復活させたのである。「O」のなかのプロセスは、すべて心理学者によって仮に措定された抽象的な概念である。これを「仮説的構成概念」という。心理学で取り扱われる概念のほぼすべては、仮説的構成概念である。知能、性格、態度、記憶、学習など、すべてそうである。ワトソンはこれら全てを否定したが、新行動主義は操作主義の導入によってこれらを心理学に取り戻したのである。これらの概念は「操作的定義」が与えられることによって初めて科学的に使用可能となる。操作的定義とは上記の「驚き」の例のように、測定の手段・方法によって測定対象を定義することである。これは「概念の定義とは行為によって与えられる」というプラグマティズム思想そのものである。

操作的定義の極端な例としてよく登場するのが、「知能とは知能テストで測定されるものである」という知能の定義である。心理学を初めて学ぶとき、この定義は非常に驚くべきものに感じられる。論理が逆転してみえるからである。つまり、知能を定義してからでないと、知能テストは作れないのではないだろうか。全くそのとおりであるが、「知能」という概念が整理され、知能研究者によってある程度の合意が得られれば、最終的な定義は測定方法によるのがもっとも望ましいのである。それによって、同じ概念が異なった意味で用いられることが回避できるからである。たとえば、数学的能力にすぐれた子供には、特殊な早期教育のチャンスを与えて、才能を開花させた方がいいという意見があるとする。このときもっとも問題となるのは、「数学的能力にすぐれた子供」の定義である。これをきちんと定義するもっともよい方法は、たくさんの子供に対して全く同一の数学のテストを実施して、たとえば成績上位五％の範囲を「数学的能力に優れた子供」と定義することである。これが操作的定義である。このように、測定方法によって測定対象を定義するということは、極めて有用である。操作的定義は概念の公共性を保証するため、科学の多くの分野で用いられる。たとえば「一メートル」の定義は「メートル原器」という物差しによって定義されている。新行動主義者たちは、もともと物理学分野で提唱されていたこの「操作主義」を積極的に心理学に導入し、心理学で使用される諸概念を洗練させようとしたのである。

このように、新行動主義心理学は、生体内部での精神過程を刺激と反応の間に存在するブラック・ボックス的な媒介項としてとらえ、その媒介項に対して操作主義を積極的に導入した。このいささか曲芸的とも言える方法により、心理学は「心」を取りもどしつつ科学の範囲にとどまるという可能性を開いたのである。現代の心理学は、この意味で新行動主義の直接の子孫である。

5　チューリング・テスト

このように、行動主義は心理学の対象と方法を整備するという重要な役割を果たした。その一方で、行動主義の主張の背後には、実にやっかいな哲学的問題がひそんでいる。それは、すでに何度も述べた、われわれは自分に心があることを主観的に確信しているが、他者の心はどこまでも推定に過ぎないではないか、という議論である。実はこの問題は科学に限定されたものではなく、より一般的な認識論的問題なのである。われわれは他者の行為の中に意図や目的などを見いだし、そこから他者も自分と同じように「心」を持っていると考える。しかし他者が「心＝意識主観」を持っているかどうかは決して直接に確かめることはできない。もしかしたら世界中で心を持つのは自分一人で、他者は機械人形のようなものかもしれない。それどころかこの世界自体が自分の主観が作り出した幻影かもしれない。これが哲学における「唯心論的誘惑」とでもいうべきもので、多くの文学作品（特にＳＦ小説）の主題となってもいる。一度この考えにとりつかれると大変なことになる。実際、小さな子供は「お母さんはいつのまにかニセ者にすり替わった」というようなことを言い出すことがある。これは他者に対する根源的な不安をよく表している。より極端な例は、精神医学で知られている「カプグラ妄想」である。これは身近な他者が宇宙人やロボットに置き換わったという堅固な確信を示す病理的現象である。現代の認知心理学の一つの重要な研究テーマともなっている。本当の心は自分だけが持ち、他者はすべて機械人形かもしれない、というのは実に不健全かつ傲慢な思考である。しかしこの可能性を論理的に排除することは簡単ではない。

この問題は、二〇世紀中盤に計算機科学が発達し、「思考機械」が構想可能になった時代に、計算機科学の基礎を築いたアラン・チューリング（一九一二‐一九五四）によって非常に端的な形で論じられた。彼は「チューリング・テスト」として知られる思考実験を考えた。二つの個室があり、外界との交信は「チャット」のようにキーボードと画面を介して行われる。一方の部屋には人間が、他方の部屋にはコンピュータが入っている。部屋の外の人は、キーボードを介して交信することで、どちらが人間でどちらがコンピュータかを当てなくてはいけない。これがチューリング・テストである。もし外部の人がコンピュータと人間の区別がつかないなら、そのコンピュータはテストに合格である。このテストに合格したコンピュータは、「真の人工知能」とみなされる。最近のコンピュータの進歩ぶりをみていると、チューリング・テストはもはや思考実験というよりも、現実の可能性となりつつあるような気がする。

しかしよく考えてみると、このテストは「人工知能」の問題にとどまらない重要な意味を持つ。すなわちわれわれが他者と交流することと、このテストの間には、大きな違いはないのである。われわれは他者と会話し、そこに大きな齟齬が生まれないからその人には自分と同じ「心」があるのだろうと思っている。しかしこれは上述したわれわれが持つ「心の理論」によって成立している、全くの推論なのである。逆に、チューリング・テストに合格したコンピュータは、人間と区別できないのだから、心を持っているようにみえるだろう。というより、心を持っていると言わざるを得ないだろう。行動主義心理学のいうとおり、心は直接観察できるものでないから、その存在は行動から推論するしかない。だから、人間そっくりにふるまう機械は心を持っている。「機械が心を持つはずがない」というなら、では逆に「何かが心を持つ」という確信の根拠は何か。その何かが「心を持つ自分」と同じようにふるまう、という根拠しかないはずである。つまり行為からの推論である。換言すれば、他者に心があるとわれわれが感じるのは、自然に生じたチューリング・テストの結果である。つまり「人間そっくりにふるまう機械」と「他者」は論理的には等価であり、区別できないのである。人間そっくりの機械に心がないというなら、他者の心の存在も疑わしいことになる。他者に心があるとするなら、人間そっくりの機械にも心があることを認めざるを得ない。

このように、心の存在についてのわれわれの素朴な確信は、少し考えを進めると非常に恐ろしい可能性へとつながっていくのである。こうした哲学的議論は問題提起をするのみで回答は与えない。われわれ自身がじっくり考えるべき問題なのである。行動主義は、おそらくチューリングの思想とは独立に、半ば直感的な形でこの問題を発見し、他者のふるまいを「意志」や「目的」によって説明することを断固として排除したのである。これはいわば心理学の「ガリレオ化」の一つの究極の姿であり、「心の科学」の不可避的な論理的帰結であった。

行動主義は二〇世紀前半には実験心理学を支配したが、二〇世紀中盤から急速に退潮する。それに代り、認知心理学という新たな心理学が出現する。そこにおいて心理学はふたたび「内的過程」

について考え直す。そしてそこには、チューリング・テストですでにその萌芽をみせていた「情報処理システム」としての人間という新たな人間観が含まれていた。

6 認知革命

一九五〇年代以降の新行動主義心理学は大きな危機におちいった。蓄積してきた様々な行動の法則には次々と例外的事例が突きつけられ、むしろその例外こそが重要な意義を持つのではないかと考えられるようになった。当時の学術雑誌を見ると、心理学の危機を訴える強い調子の論文がいくつも見つかる。新行動主義は多くの問題をはらんでいた。その中でも特に、(1)実験状況が極めて人工的で、生物の自然界での環境を考慮に入れていないこと、(2)生物種によって多様な適応行動が存在するので、それらに一般的な法則を当てはめるには無理があること、(3)適応的行動をすべて条件付けによる学習で説明するのは困難であること、の三つがあげられよう。こうしたことが顕在化した理由はいくつか挙げられる。(1)と(2)については、すでに述べたように二〇世紀中盤の比較行動学の大成功が大きなインパクトを与えた。動物の行動に関する研究でノーベル賞を受賞したのは、実験室のラットの迷路学習の成績を詳細に測定し続けた心理学ではなく、自然環境における多様な動物種の行動を詳細に観察したヨーロッパの自然史的伝統に基づく比較行動学だったのである。(3)に関する印象的な例は、味覚嫌悪条件付けをめぐる問題である。ある特有の味がする食物を食べたあとに吐き気などの消化器系の異常がおきると、ただ一度の経験でも、動物はその味の食物を避けるようになる。しかしある視覚刺激を見たあとで吐き気が起きても、その視覚刺激をすぐ避けるようにはならない。また逆に、ある味のする食物を食べたあとに電気ショックを受けた場合にも、その食物をすぐ避けるようにはならない。このように、動物は味覚と消化器の異常の関係については特殊な感受性を持っていて、普遍的な学習の法則には従わないと主張されたのである。

こうした状況で、行動主義心理学の指導者たちの多くは一九五〇－六〇年代に引退する。それに取って代わるように、情報理論の知識を持った非常に若い世代が台頭してくる。この時代、大型のコンピュータが大学に普及するようになり、若い世代はその知識をむさぼるように吸収した。すると彼らは直ちに、ワトソンが心理学から追放した「感覚、知覚、心像、欲望、目標、思考、および情動のようなあらゆる術語」のいくつかが、コンピュータ科学の世界ではごく当たり前に使用されていることを知った。実際、コンピュータは目標を持って思考する機械のように見える。しかもその中身はSとRの間に挟まれたブラック・ボックスではなく、いくつかの理解可能で単純な仕組みからできあがっているのである。それならば、人間の思考などのプロセスを「情報処理過程」とみなすことで、全く新しい心理学が構想可能ではないのか。

実際に、第二次大戦後には情報理論とコンピュータ技術の登場によって、生物と機械を「システムの制御と情報処理」という共通の視点で理解しようとする立場が登場していた。これをサイバネティクス（Cybernetics）という。この語は「舵手」という意味である。「サイバー」という言葉は現在でもコンピュータ・ネットワークの文化でよく使われている。たとえば「サイバー空間」とか「サイボーグ」である。また一九五〇年代に言語学者のノーム・チョムスキーは、行動主義的な言語獲得の理論を批判し、多様な形式を持つ諸言語の背後に普遍的な「思考の文法」が存在することを示唆した。この発想は、コンピュータのプログラムは人間に理解可能な様々な「高級言語」（Basic, FORTRAN, Lisp など）で記述されるが、それは最終的には機械の理解できる唯一の言語である二進数のコード（機械語）に翻訳されて実行される、という事実とよく対応するようにみえる。つまり人間の脳の中には、思考の普遍文法として機能する記号処理の体系（いわば脳の言語）があるのではないだろうか。

こうした潮流に乗り、行動主義は心理学を狭く空虚なものにしてしまった、という強い不満を持つ若い研究者たちは、一度ワトソンによって放棄された人間の「内的プロセス」を情報処理の観点から再検討しようとした。こうして認知心理学が誕生した。このいきさつについてはすでに別の本に書いたので、もう少し詳しく知りたい方はそちらを参照していただきたい(4)。認知心理学の初期の有名な研究の多くは二十歳代の大学院生が行ったものである。行動主義から認知心理学への転換は極めて不連続なもので、すでに述べた「パラダイム転換」（科学革命）の好例とされた。しかし「内的過程というブラック・ボックス」のなかに仲介変数を導入し、入力と出力の関係からモデルの妥当性を検討するという基本的姿勢は、新行動主義そのものでもある。決定的だったのは、情報処理という精神機能に関する新たなメタファーの獲得である。心理学はメタファーの学問でもある。ヴントと化学、行動主義とパブロフ生理学、フロイトとエネルギー力学、認知心理学と情報処理。このように心理学は常にその時代の最先端科学との対応がある。これは偶然ではなく、心理学はつねに心のメタファーを探し求めているのである。また、情報処理概念の影響を受けたのは心理学だけではなく、この概念は、哲学、心理学、人工知能、神経科学、人類学、言語学などを含む新しい学際的分野「認知科学」を生み出したのである。

認知心理学と人工知能研究は同時に誕生した兄弟である。人工知能研究は、機械に真の思考が可能か、という哲学的な問題を提起し、多くの哲学者がこの問題に注目するようになった。この分野では、上述のチューリング・テストのような思考実験によって、機械の心を論じることを通じて人間の心について考察する、という新たな視点を発展させた。この分野を「心の哲学 philosophy of mind」と呼ぶ。心の哲学は、人工知能を考察することを通じて「心の理解」に関する本質的な問題について多くの興味深い指摘を行っている。

以上述べたように、心理学は科学を指向し、スピリチュアリズムを追放した。しかし科学的心理学は「意識」研究の不可能性という問題に直面した。そこでワトソンは非常な勇気を持って「意識」を心理学から追放した。その後に続く新行動主義の世代は、操作主義と仮説的構成概念の導入によって「内的過程」を心理学に取り戻した。しかし最終的に行動主義の枠組みは崩壊し、情報処理メタファーを用いる認知心理学が優勢となった。認知心理学で用いられる概念も、ほぼすべてが仮説的構成概念である。これが二〇世紀後半までの科学的心理学の激動の歴史である。

しかし歴史はまだはげしく動き続けている。二〇世紀の終わりころからＰＥＴやｆＭＲＩといった新たな脳機能計測の技術が登場し、認知心理学の多くの部分がこれと融合し始める。認知心理学は生物学化し、「脳科学」の一部のようになってきている。こうした脳研究と認知心理学の間に生まれた学際的分野を「認知神経科学」と呼ぶ。その進歩は驚くべきスピードであり、例によって性急すぎるアメリカでは、脳計測技術を知らないと大学や研究所に就職できないという事態が現実のものになっている。それどころか、社会心理学という「社会科学的心理学」を代表するはずの分野でも脳機能計測が導入され、進化心理学的な見地から「社会脳」の研究が始まっている。ここしばらくは、この流れは続くと考えられる。心理学は哲学と生理学から始まったが、二〇世紀中に哲学を忘却し、二一世紀には本格的に生理学へと回帰しているようにさえみえる。すでに何度も述べたとおり、心理学の完全な科学化とは「心」の機械論的説明の貫徹であるが、それは必然的に「心」の研究ではなくなる。このパラドックスは二一世紀の心理学においては全く問題にされず、行動主義の時代に克服された古典的問題だと考えられがちである。しかし心理学が生理学化（脳化？）する以外の方向性をなかなか見いだせないのは、心理学の内包するこのパラドックスにこそ原因があるのだ。こうした現代の心理学の問題と将来の課題について、次の章で論じよう。

引用文献

（1）デボラ・ブラム『幽霊を捕まえようとした科学者たち』（鈴木恵訳、文藝春秋社、二〇〇七年）
（2）ジョン・ワトソン『行動主義の心理学』（安田一郎訳、河出書房新社、一九八〇年）
（3）クルト・レヴィン『パーソナリティの力学説』（相良守次・小川隆訳、岩波書店、一九五七年）
（4）道又爾ほか『認知心理学――知のアーキテクチャを探る』（有斐閣、二〇〇三年）

第六章　素朴実在論と中枢主義の克服——現代心理学の課題（1）

第五章の最後で述べたように、現代心理学に多くの影響を持つ認知心理学には、「情報処理パラダイム」という基盤が存在する。すなわち「人間の精神とは、情報を受容し、保存し、検索し、変換し、伝達する、一つの複雑なシステムである」[1]（二頁、筆者訳）という大前提である。第三章において述べたとおり、一七世紀以来、機械のメタファーは宇宙、身体、国家などをおおいつくし、啓蒙主義的世界観を構築した。この方向性は二〇世紀中盤に「情報機械」の登場によって精神の領域まで拡張されたのである。さらにこれは最新の脳計測技術と結びつき、二一世紀の新しい学問を作り出している。それは、最初に述べたように「心とは脳の機能のことである」という現代の大きな「心観」の基礎となっている。この章では、心理学から哲学へとふたたび視点を移動させ、情報処理パラダイムの背後に存在するいくつかの哲学的前提について考えてみたい。素朴な前提とは、

（1）外界はほぼそのままそこにあり、認識はそれをほぼそのまま反映する（素朴実在論）とか、（2）認識の中枢は脳であり、すべての情報は最終的に脳のどこかに集約され、すべての命令は脳から下される（中枢主義）などである。これらの問題を突き詰めると、現代の心観をもう一度考え直すきっかけがみえてくるような気がする。この章では、これらの素朴な前提を批判的に考え直すために、かつて心理学を誕生させ、今では遠い距離にへだたった父と母、すなわち哲学と生理学とを再び強引に結合してみよう。それは、心や脳をより精密に理解するためにこそ、素朴な哲学的前提を疑わなくてはならないと考えるからである。哲学と脳研究は、心理学を仲立ちとして再び出会うべきである。哲学的思考が心理学にとって決定的に重要である時代がすでに来ている。

1　観念論と実在論

これまでに、心理学の目的は本人しかわからない主観の世界を客観化することであることを繰り返し述べた。また主観の世界は直接に知ることはできないので、人間に精神作業を行わせ、その結果から内的プロセスを推定する、ということも説明した。しかし、主観と客観とはどういう意味なのかという、より本質的な議論は行っていない。実際に心理学の教科書などで、主観と客観という問題自体を取り上げた例は見たことがない。しかし実は、この問題は哲学の世界では長年にわたる論争の中心をなす一つの有名な難問（アポリア）なのである。そのため、この問題の難しさを知っている哲学専攻の人に、「心理学では主観世界を客観化しようとするのです。理想としてはグラフの縦軸に主観的変数、横軸に客観的・物理的変数をとり、両者の間の関係を厳密に関数化することです」などということを説明すると、おそらく哲学専攻の人は驚き、何度も聞き返し、そのあげく「それって変じゃないのかな」とつぶやいて話題を変えようとするだろう。なぜなら主観と客観とは、決して自明に区別できない不思議なものだからである。

われわれの見ている世界は、実際にわれわれの外部にそのままの姿で存在しているのだろうか。これには二つの可能性が考えられるだろう。一つは、われわれが見ているのはあくまで主観がとらえた像で、世界はわれわれの認識によって初めて立ち現れてくるものである。これを「観念論」という。すなわち存在は認識の所産であり、客観は主観に従属する。もう一つの可能性は、世界はわれわれの主観とは独立に、客観的に実在しているという考え方である。これを「実在論」という。すなわち認識は存在の所産であり、主観は客観に従属する。しかしこのどちらの立場を取ろうとも、私という主体が認識する世界の像は、客観的世界と一致するのだろうか、という疑問が生ずる。もちろん日常的には全く問題なく一致しているように感じる。しかしその保証はどこにあるのか。われわれは他者の主観世界を直接に知ることができないのだから、「同じもの」を見ても他者と自分にとってそれが同じように見えている保証は、実はどこにもない。だから私が認識する世界の像が、客観世界と一致するという保証も、実はどこにもないのである。しかし一方で、日常生活においてわれわれは客観世界の安定した実在性を確信している。よく考えると全く保証がないことを、どうして日常では確信できるのか。これが主観と客観に関する哲学的難問なのである。そして心理学に限らず、一般に科学というものは日常生活における「客観的世界の実在性の確信」の上に構築されているのである。

日常的な意味で主観と客観という言葉を使うことは全くかまわない。主観とはある人の内面的な心の中の世界で、客観とは人間の外部に広がる世界のことだ。これは、人間を「認識の主体」としてとらえ、世界は人間にとって認識すべき「対象」であると考えていることになる。こんな自明のことがなぜ哲学的難問となるのか。これはたとえば「言語」について考えればあきらかになる。われわれは外部の環境世界に、家や自動車を見る。しかしこれらのものは、外部世界に存在しているのだろうか。そもそも家や自動車は、外にある何かに、われわれ認識主体の側が、言語によって区別をつけ、分類し、命名したことの結果ではないのか。われわれは普段、家や自動車などの人間が作り出した人工物に囲まれて暮らしているため、この問題の不思議さに気づくことが難しい。しかし自然物を考えてみよう。イヌ、ネコ、空、雲、山、森、川、海。これらは、人間という主体が言語を用いて能動的に分節化（区別をつけること）することなしには「それぞれとして存在する」ことはないだろう。たとえば、イヌとネコを同じ名前で呼ぶ言語があれば、そこではイヌとネコは「それぞれ」として存在しないだろう。川と海も同様である。また逆に、緑におおわれた山をA、はげ山をBと呼んで区別する言語があれば、AとBは「それぞれとして」存在することになる。こうした命名による存在の分節化は、人間の持つ言語能力に基盤を持つ。だから、認識主体の主観と独立に、われわれの見ている世界が「客観的に」存在しているとは言えないだろう。外的な環境世界にいろいろなものが存在することはまちがいないだろうが、それがイヌやネコや海や川として認識されるのは認識主体の働きによるのである。したがってわれわれの主観とは独立にネコが客観的に存在し、それをわれわれの主観が認識するという図式は、端的にまちがっているのである。

もう一つの例は、自分の「身体」である。たとえば自分の右手。自分の右手を見るとき、手は認識の対象である客観に属し、それを見て「手だなあ」と思うのはわれわれの主観の働きだ。次に目を閉じて、右手でリンゴをつかむ。そこで「この形はリンゴだなあ」と思うのもわれわれの主観だ。しかしこのとき、りんごをつかむ自分の右手は何だろう。主観と客観のどちらに属するのか。リンゴを認識するとき、自分の手はあきらかに客観世界の側から主観世界の側に移動し、認識システムの一部として機能していることがわかるだろう。この事態は、耳でも眼でも同様である。自分の身体は、いわば主観世界と客観世界の間にあり、その間を行き来している。このように、主観と客観という一見自明な概念は、少し掘り下げると非常に不思議な問題へと突き当たる。実際に一九世紀から二〇世紀にかけての哲学は、言語と身体について突っ込んだ考察を行うことで、主観を重視する観念論と客観を重視する実在論という対立を解消することをめざした。上述の哲学専攻者が「心理学は主観を客観化する」という説明に困惑し沈黙するのは、こうしたことを骨身にしみて理解しているからである。

こうした問題を考察すると、「客観世界」についての実証的研究が可能であること自体が深い謎に感じられてくる。宇宙の起源に関する物理学や、純粋な数学など、小さな人間の存在を越えた主題について、自然科学が精密な研究を行うことができるのはなぜか。主観と客観が上述のようなあいまいさを含むのなら、物理学や数学はいったい何なのか。「この宇宙の最大の謎は、それが理解可能だという事実である」とはアインシュタインの有名な言葉だが、自然科学が日常生活における「客観的世界の実在性の確信」の上に構築されており、それでも破綻はしないというのは、全く不思議と言わざるを得ない。そもそも自然科学はこういうことは全く気にかけない。さしあたって世界を客観的「実在」としてそこにそのまま「ある」ものとしてとらえる。これが素朴実在論である。しかし心理学が認識の科学ならば、存在の問題を無視して研究を進めることなどできるのだろうか。少し専門的になるが、以下でこの問題をよく考えてみよう。

2　素朴な実在論と認知システムの目標

たとえば、心理学のテキストに出てくるような多くの「錯視現象」は、われわれの見ているものが「外界」の完全なコピーではないことを明快に示している。したがって厳密な意味での素朴実在論を信じるわけにはいかない。しかし観念論が極端になると、この世界は全てわれわれの見ている夢のようなものだという主張へといたる。これもやはり信じるわけにはいかない。したがって多くの人の常識としては、「ゆるやかな実在論」の立場が採用されているだろう。すなわち外界はだいたいそのままに実在し、われわれの認識は完全ではないがほぼ忠実な外界のコピーである、という考え方である。実在とその鏡像としての認知。錯視の場合のように、鏡は少しゆがんでいることもあるが、それにもおそらく適応的な意義があるのだろう。こうした実在と認知システムに関する図式は、理解しやすく、われわれの日常的な感覚によく一致する。

こうした実在論の立場から認識の問題を素直に考えると、認知システムの目標とは、たとえば、均質な三次元の空間の特定の場所に存在する様々な「物体」の形態、色、運動、空間配置などを、できるだけ正確にシステム内部で「再表現（表象化）」することである。認知システムとは具体的には感覚器と脳であり、システムは外界の存在に由来する反射光や空気の振動などの物理エネルギーを受容し、変換し、符号化する。感覚器や身体各部からのすべての情報は最終的に大脳皮質のどこかで集約され、そこで統合され、安定した世界像が再構築される。認知システムはまた構築された表象に基づき身体運動の計画を符号化し、身体各部へ伝達し、筋肉運動を制御する。こうしてわれわれは、たとえば障害物を避けて歩行することができるのである。こうしたことは知覚心理学や感覚生理学において無意識のうちになんとなく前提にされている。そしてこうした図式は心理学や生理学の誕生と共に生まれたわけではなく、おそらく極めて古い起源をもっている。

認知システムの外部に世界がほぼそのまま実在し、それを認知システムがほぼ忠実に再表現するという単純な図式には、深刻な問題がある。たとえば、コウモリは超音波を発し、それが周囲に反射するのを知覚することで自己の運動を制御しているという。ならばコウモリの再表現による世界像は、われわれ人間の再表現による世界像とはだいぶ違うだろう。そしてこのどちらの再表現も同じ外界の反映であるならば、再表現の結果が実在する外界のほぼ忠実な「鏡像」だとどうして言えるのか。実在する外界は、コウモリによる再表現も人間による再表現も可能だが、それぞれの再表現の結果のどちらにも似ていないものだろう（あるいはどちらにも似ているものだろう）。コウモリの認識よりも人間の認識のほうがより「正確」（すなわち実際の外界に似ている）という保証など、どこにもない。したがって、認知システムの目標が外界の鏡像を構築することであるということは、安易に前提とするわけにはいかない。われわれの知る世界はあくまで「われわれの知る」世界でしかない。そのプロセスは「再」表現（re-presentation）ではなく、何か別のことである。このように、素朴実在論に基づいて認知を実在の鏡像のように思うのは、論理的誤謬であると言わざるを得ない。そもそも認知システムが外界の鏡像を構築するならば、その鏡像は何のためにあるのか。鏡像ならばそれは「見る」ためにあるのだろう。ではそれを見るのは誰か。私の中の認識主体か。その認識主体は何をしているのか。鏡像の鏡像を構築するのか。このように、「認識とは外界を内的に再現することである」という考えは、「私の眼の奥にある「本当の私」の眼の奥にある「本当の私」の眼……」という無限循環の哲学的パラドックスを生み出す。

3　ハイデガーの存在論と認知システムの目標

では認知システムの目標とはなんだろうか。それはおそらく存在という問題をもう少し突き詰めて考えることからヒントが得られるだろう。哲学者のマルティン・ハイデガーは次のように述べている(2)。

目下の分析の範囲内においては、予備的に主題とされる存在者として発端に置かれているのは、環境世界的な配慮的な気遣いのうちでおのれを示す当のものである。そのさい、この存在者は何らかの理論的な「世界」認識の対象なのではなく、使用されたり、製作されたりするものなのである。そのようにして出会われる存在者としてこの存在者は、「認識作用」というものの視野のうちへと予備的な主題となって入りこんでくるのだが、この認識作用は、現象学的な作用としては、第一次的には存在に目をそそいでおり、存在のこうした主題化のほうから、そのときどきの存在者を付随的に主題化するのである（一七四頁）。

こうした哲学者の文章はじつに難解だが、いくつかの解説書の助けを借りて解読してみよう。もっとも重要でもっともわからないのは「配慮的な気遣い」（ドイツ語で besorgen）である。『現象学辞典』によるとこれはsorgeという語から派生したもので、sorgeには憂い、憂慮、気遣い、気配り、心遣い、心掛け、心構え、用心、注意、心配、などの意味があるという。「関心」とも翻訳可能だという。したがってこれは英語のcareという語とほぼ同じである。そしてbesorgenという語は「手元にある身近な存在者に対するsorgen」という意味になるという。つまり「配慮的な気遣い」とは、「身近なものに対するケア」ということだ。

ハイデガーは別の箇所でこの語を「諸事物」と対比させている。要約すると、古代ギリシアには「諸事物」を表わすのに「プラグマタ」という語を用い、それは人が配慮的に気遣いしつつある交渉（プラクシス）において関係をもつ対象のことであるという。そして実際に、上記引用の少し後に「配慮的な気遣いのうちで出会われる存在者を**道具**と名づけよう」（一七六頁）という文がある。つまり「配慮的な気遣い」とは諸事物が諸事物として（たとえば眼前のカオスが「机」として）認識されるより以前の、人間と環境世界の交渉の仕方を表現しているようである。そしてハイデガーは明らかに、「諸事物」としての存在よりも「道具」としての存在のほうに、人間と「世界」の出会いにおける優先性を見出している。すなわち引用文にあるとおり、存在は認識の対象となる以前に、まず使用され製作されるものである。そして使用された後に初めて「認識作用」の対象となり、「それ」が眼の前に存在するという事態が生ずる。「使用のうちで暴露されている存在者」（一八〇頁）などという独特の表現も、道具性の事物性に対する優先ということを意味していると考えられる。しかし人間の認識作用は、事物存在として存在者を主題化するため、「これは机だ」

ということとなる。

という認識に目がそそがれてしまう。その結果、先行していたはずの道具性がみえなくなってしまうこととなる。

これは極めて興味深い主張である。なぜならこれは、はじめに述べた古くからの「存在と認識とどちらが優先するのか」とか「主観と客観の一致」のような哲学の基本的な問題にたいして、全く新たな視点を与えるからである。われわれはいかにして存在と出会うのか。それは眼前のものが「何であるか（事物性）」を認識することに始まるのではなく、それを自分の身体を通じて「使用する（道具性）」ことから始まる。つまりより遠くを見たければ、何かによじ登る。よじ登ったのが何なのか、岩か、木の根っこかということはその後の問題である。穴が掘りたければ地面に落ちている手ごろなものを拾い、見つめ、手で触り、いじくりまわし、においをかぎ、穴を掘るのに使ってみる。それが何なのか、石ころか動物の骨かというのはその後の問題である。

普通の思考法では、まず事物が「客観的」に存在し、それを「認識」してから使用すると考える。つまり事物性が道具性に先行している。それは当然だ。石ころがまず存在し、それを認識できてこそ道具として使えるわけだから。しかしハイデガーはこれを逆転させる。まずこちら側の固有の必要や欲求があり、それにしたがって環境世界に働きかける。その働きかけを通じてこそ、外界はその「存在性を暴露」する。まず「石ころというものが客観的に存在して」というところから考えるのは、いわば行為の結果を抽象化し、それを原因とみなすという誤謬を犯している。

それならばこれは観念論の一つの変種だろうか。つまり認識が存在を決定するということか。そうではなく、これは伝統的な意味での観念論とはだいぶ違う。なぜなら、「外界の存在そのもの」があるとかないとかを論じているのではないからである。それどころか、道具性から出発するのだから、外界は厳然として「ある」ことを認めていることになるだろう。世界はわれわれの恣意にはしたがわない。しかし一方で、人間は行為を介してしか「それ」と出会えない。触れようとして触れることができれば、「それ」は「可触である」という存在性を初めて暴露する。「可触性の物体」が実在し、それに触る、というのは後からの抽象だ。この可触性という存在性は、人間に対して暴露されるだけであり、別の種の生物に対しては意味をなさないだろう。しかしそれは存在が認識者によって決定されるという意味とは全く異なる。

外界は厳として存在するが、人間にとってのその存在性は、行為によってのみ暴露される。この存在論にしたがえば、認知システムの目標は何だろうか。それは、生存の必要を満たすために、行為によって環境世界と相互作用することだ。すでにお気づきのように、これは知覚心理学者のジェームス・ギブソンが彼の『生態学的視覚論』で提起した問題に他ならない。実際に、ギブソンの「アフォーダンス」の概念は、ハイデガーの「道具存在性」の概念と驚くほど類似している。筆者はかつて現象学について学び始めたときにこれに漠然と気づき、非常に驚いた。また何人かの哲学者がギブソンの思想とハイデガー哲学の関連を論じていることも知った（ギブソンについては第七章で取り扱う）。

認知システムの目標は、素朴に実在する世界の鏡像を作ることではない。それはまず身近な物を気遣い、それらと行為によって相互作用し、その存在性を暴露させることだ。「身近な物を気遣う」というのは端的に身体の周囲に対して認識の機能を発動するということだ。そして、最近の神経生理学的研究には、このことをはっきりと例証すると思われる例が存在する。以下では話はさらに専門的になるが、読者に伝えたいメッセージはシンプルである。つまり、脳は世界の鏡像を作ったりはしない。そして認識は脳だけでなく、身体という大きなシステム全体の働きである。

4　脳はいかにして身近なものを気遣うか

現代の生理学は、生きた実験動物の神経系の中の一個の神経細胞（ニューロン）に電極を差し込み、その細胞の電気的応答（活動電位）を記録する技術を発展させている。こうした高度な技術を用いた研究によって、視覚情報処理に関与する後頭葉と、身体運動と体性感覚に関わる前頭頭頂部の間には、視覚情報と触覚情報の両方に選択的に反応するニューロン群が存在することが知られるようになった。こうしたニューロンは、視覚情報によって身体の運動を制御する機能に関わると考えられている。そして、これらの視覚‐触覚ニューロンには種類があり、それぞれ独立に異なる「空間の表象」を構成しているらしいことが明らかになっている。たとえば、「頭頂内側部」には少なくとも以下の四種類の異なる機能を持つ領域が見つかっている。[3] 頭頂内側部については図3を参照されたい。

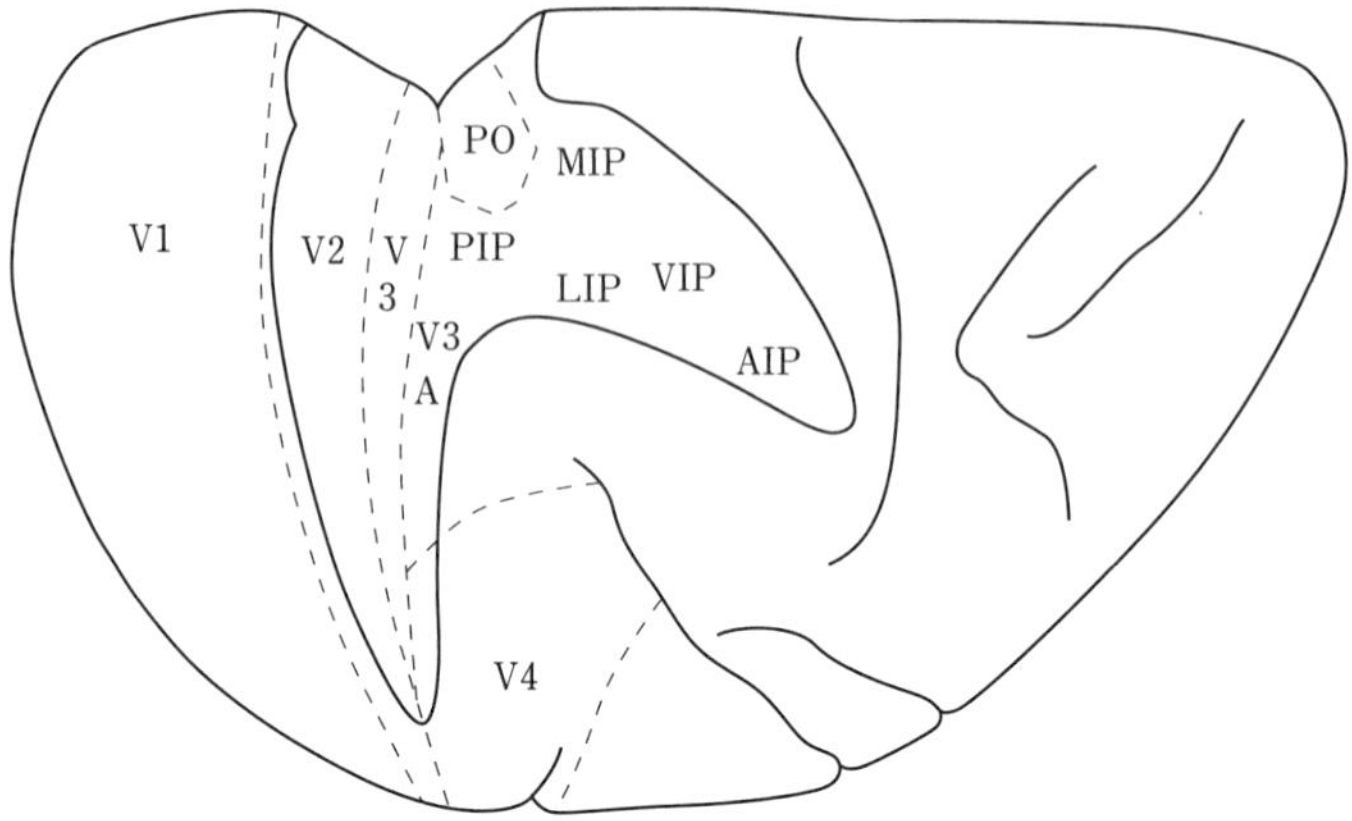

図３：マカクザルの脳。右半球を上から見たもの。
(出典：Colby and Goldberg, 1999, p.321)

第一に「腹側部（ＶＩＰ）」領域には、視覚と触覚のどちらの刺激にも反応するニューロンが存在する。しかもこの二つの間には空間的対応があり、たとえば視野の左上に提示した視覚刺激に反応するニューロンは、顔の左上部に対する触覚刺激にも反応する。つまり左上に何かが見えたときと顔の左上の部分に触られたときの両方で、同じニューロンが反応するということである。また視覚における中心は、触覚における口の位置に対応している。さらに、口の周囲に与えられる触覚刺激に反応すると同時に、口の周囲に向かって近づいてくる視覚刺激に選択的に反応するニューロンが見つかっている。つまり口の周囲に触れられたときと、口の近くに何かが近づいてくるのを見るときに同じように反応するのである。これは眼球の運動などとは無関係である。つまり、どこを見ているかとは関係なく、口に向かってくるものが見えると反応する。また顔の周囲五センチメートル以内に視覚対象が近接したときにのみ反応するニューロンも存在する。つまり腹側部内のニューロンは、口を中心とした頭部座標系（口周空間）を形成しているのである。こうしたニューロン群は、口を特定の対象（もちろん多くの場合は食物）へ接近させるために、視覚からの情報を利用して頭部の運動を制御する機能を果たしていると考えられる。

第二に、「中部（ＭＩＰ）」領域のニューロンは、手を伸ばした範囲の身体周囲の刺激に反応する（隣接身体周囲空間）。触覚刺激のみに反応するニューロン、視覚と触覚の両方に反応するニューロン、視覚刺激のみに反応するニューロンの三種が、この順番で表層から基底にかけて配列している。最も表層の触覚ニューロンは、主として反対側の手に与えられた刺激に反応する。次の触覚・視覚混合型のニューロンは、静止視覚刺激と受動的な触刺激に反応する。これらのニューロンは視覚的目標に手を伸ばしたときに最もよく反応し、視覚刺激の位置と左右どちらの手を用いているかによって反応が異なる。最深部の視覚ニューロンは、視覚刺激が近づいてきて手のとどく範囲に入ったときに反応する。つまり身体の周囲に手でつかめる対象が存在するという情報を伝達している。このようにこの領域内のニューロン群は、手の運動を調整するのに有用な空間表象を形成していると考えられる。視覚的に誘導される手伸ばし運動（Visually-guided reaching）が前運動皮質で制御されていることはよく知られているが、これらのニューロン群はそれに必要な情報を生成していると考えられる。「中部」内のニューロンの反応特性は極めて動的である。たとえば、道具の使用によって特性が変化するという有名な実験例がある。熊手を使って遠くの物体を取るという課題をさせたとき、反応する範囲が広がったのである。つまり「手のとどく範囲」が熊手によって延長されたことに対応してニューロンの反応特性が変化したということである。単に熊手を持つだけで手のばしの要素を含まない課題ではこうしたことは観察されなかった。

第三に、「前部（AIP）」領域のニューロンは、手で触ってもてあそぶことができる対象に対して視覚的に反応する（把持動作関連空間表象）。視覚対象の形態と向き、特定の手の運動に対して異なる反応をする。特に、何かをつかむときの手の形に特異的だと考えられている。これは対象を視覚的に把握しながら手でつかむ、という機能と関わっていると考えられる。

第四に、「側部（LIP）」領域の多くのニューロンは、突然呈示される光刺激によく反応する。刺激の突出性（目立ちやすさ）が反応に強い影響を与えることが知られている。したがって、この領域は注意の移動や刺激呈示位置へと眼球を動かす機能に関与するという説があるが、反応の特性は複雑で、まだ不明の点が多い。空間内において注意が向いた場所や突出した刺激が呈示された場所に関係する空間表現を形成していると考えられる。しかもこの領域のニューロンは視覚刺激のみに反応するわけではなく、聴覚刺激に注意を向けたときにも反応する。これらの事実から、この領域のニューロンは口や手で直接に接触可能な空間範囲の外にある、眼球運動によって探索される空間を表現していると考えられている。

以上より頭頂内側部に限定しても、口を対象へ接近させる、手を対象へ伸ばす、物をつかむ、よ

り広い空間を探索する、など、異なる特定の行為を制御するための個別の「空間の表現」がある。すなわち、

われわれの周囲の空間は、頭頂葉において一回きりではなく何回も表現されている。これらの複数の表現は、関心を振り向ける場所と対象物とをいくつもの自己中心的参照枠によって符号化しているのである。刺激の表現は、網膜や蝸牛殻などのような感覚受容器表面の座標系から、眼球、頭、手、などの効果器の座標系へと変換される。この変換は、空間表現を身体の自発的な運動に一致させるようにつねに動的に更新することで達成されている。この直接的な感覚から運動への座標変換が存在するので、外部環境座標に基づく単一の空間表現は不必要である[3]（三一九頁、筆者訳）。

このように、認知システムは身体各部からの情報をすべて「中枢」へと集約することで外界の鏡像としての単一の外的空間座標を「再構築」するのではなく、口や手や眼などの身体の各部位とその運動に対応したそれぞれの空間系を別個に構成している。それはまるで身体各部が自分の「視点」で作り上げた小さな感覚‐運動システムのモザイクである。このようにして、認識システムは「身近なものへの気遣い＝besorgen」を実現しているのではないだろうか。つまり頭頂内側部の機能は、諸事物が「認識」されるより以前の、人間と環境世界の交渉を反映した構造になっている。事

物性としての存在が意識的な主観に現れる前に、われわれは口や手や眼などにおいてすでに道具性としての存在と出会っているということである。

これらの空間表象は、最終的に統合されて安定した「単一の世界像」が構築されるのだろうか？これは「バインディング問題」と呼ばれる、現代の認知神経科学における最大の問題の一つである。われわれの意識的な認識主観には、単一で安定した世界像が映ずる。したがって、口や手や眼の小さな世界のモザイクは、何らかの形でバインディングされているのかもしれない。しかしそこで初めて認識される事物としての存在は、それに先行する行為による道具的存在との出会いの結果なのであって、素朴な実在が内的に再構築されたものではないだろう。「単一の世界像」がバインディングされる前に、生物としてのわれわれはすでに身体すべてを用いて存在と出会っているのである。そしてバインディングされた表象が存在しても、それはあくまで多くの小さな感覚運動系による行為の結果なのであり、行為を発動する原因なのではない。身体の問題を追究した二〇世紀の哲学者モーリス・メルロ＝ポンティは、素朴な実在論について以下のように述べている。

生理学者は、自分のほうでもやはり実在論的偏見から脱却せねばならぬのであって、この偏見は、あらゆる科学が常識から借りてきたものだが、諸科学の発展の邪魔になっているものである。……科学者もまた、外面的世界自体という観念を批判することを学ばねばならない(4)（三九頁）。

5　まとめ

以上のように、だいぶ複雑な問題であるが、本章ではハイデガーの哲学と最近の神経生理学的研究の知見を用いて以下のことを論じた。すなわち、（1）認知システムの目標は素朴な実在の鏡像を内的に構築することではない、（2）頭葉‐前頭頭頂部のニューロンは、口、手、眼などの身体各部とその運動に対応した個別の空間座標系をもつ、（3）この構造は、事物存在が意識主観に現れる以前に身体は道具存在と出会っているという、ハイデガーの主張とよく一致する。

これらの議論は、現代心理学の中心にある「情報処理パラダイム」の背後にある素朴実在論と中枢主義の本質的な問題を明らかにしている。本章の前半で述べたように、自然科学は日常生活における「客観的世界の実在性の確信」の上に構築されている。心理学も同様である。しかしこの確信そのものを明確に意識しない限り、脳と身体の行う行為としての認識というものは解明できないだろう。そのためには哲学による再考察が必要であり、それによって主観と客観の一致という問題も考察し得るだろう。生物はその全身を用いて道具存在と出会っており、それは全ての情報を中枢（脳）へと集約することで実在世界の鏡像が内的に作られるという思想に修正を迫る。生物と道具存在の行為による出会いは、情報処理機械としての生物のイメージをくつがえすものである。次の章では、生物と道具存在の出会いについて深く考察した心理学者である、ギブソンの思想について考えよう。

引用文献

（1）Stillings, N.E., Feinstein, M.H., Garfield, J.L., Rissland, E.L., Rosenbaum, D.A., Weisler, S.E., and Baker-Ward, L. (1986). *Cognitive Science: An Introduction.* MIT Press.

（2）マルティン・ハイデガー『存在と時間（上）』（細谷貞雄訳、筑摩書房、一九九四年）

（3）Colby, C.L. and Goldberg, M.E. (1999). Space and attention in parietal cortex. *Annual Review of Neuroscience*, **22**. 319-349.

（4）メルロ＝ポンティ『知覚の現象学』（竹内芳郎・小木貞孝訳、みすず書房、一九六七年）

第七章　ギブソンの存在論――現代心理学の課題(2)

第六章では哲学から生理学へと直接に接続しており、心理学的な水準の問題についてはほとんど触れていない。存在論を真剣に検討した心理学的水準の理論としては、ギブソンの視覚理論がほぼ唯一のものである。本章では、現代の心理学における認識の研究をさらに批判的に論ずるために、ギブソンの視覚理論とその背後にある存在論について考察しよう。まずギブソンの視覚理論を要約し、それに対する批判を取り上げる。(1)(2)(3) そしてそれらの批判が本質的な批判になっておらず、多くの誤読が含まれていることを指摘する。次にギブソン理論は汎種的なもので、存在の事物性を道具性に先行させる近代的思考法への批判であることを述べる。最後に、この問題はわれわれの持つ近代的な認識論と存在論および実験心理学の出発点そのものに対する批判である可能性があることを述べる。

1　アフォーダンス

ギブソンによると、知覚の目的は環境のなかに**アフォーダンス**を発見し利用することである。アフォーダンスとはギブソンの造語で、環境が生物に提供するもの、用意したり備えたりするものである。たとえば陸地の表面が水平で平坦で堅ければ、その表面は生物を支えることをアフォードする。これは環境に存在する事物が有する、生物体にとっての「価値」や「意味」のことである。ギブソンはこうした価値や意味は直接的に知覚され、知覚者の外側に存在すると考える。価値や意味の外部性とその直接知覚という主張は極めて奇異に感じられる。しかしわれわれが感じるこの奇異の念こそ、存在論的な問題に対する重要な手がかりなのである。アフォーダンスの概念は、ハイデガーの「道具存在」、すなわち世界認識の対象となる「事物」としての存在ではなく、「制作され使用されることによって暴露される存在性」という概念とほぼ同一のものであると考えられる。ハイデガーは、環境世界に対する身体的気遣いによってこうした存在者が示されるというが、ギブソンも身体と環境の出会いを何よりも重視する。

生物体にとっての環境の持つ価値は、当然生物種によって大きく異なるだろう。同一の環境にあっても、生物Aがそこに発見するアフォーダンスと生物Bが発見するアフォーダンスは全く別のものである可能性がある。これは認識主体によって存在の存在性が異なるということだが、観念論とは全く異質である。なぜならアフォーダンスは環境の側に存在するものであって、生物の「内部」で構築される価値や意味ではないからである。これは生物学的実在論とでもいうべきものである。このように、生物にとっての環境という視点を導入することで、存在の道具性というハイデガーの主張は非常な具体性を帯びてくる。存在の道具性は事物性に先行する。それを端的に示すのが、「下等生物」における知的活動である。

「下等生物」の知能の研究は、ダーウィンが生涯にわたって追究した問題でもある(4)。ここでは詳しく記さないが、たとえばミミズは巣穴を塞ぐために必要な大きさと形状をそなえた葉を的確に選択し、巣に引き入れる行動をする。この行動は高度に構造化された複雑かつ「知的」なものである。しかしミミズの神経系は非常に単純である。認知諸科学のいうように、葉の形状や大きさがミミズ内部で符号化され計算され表象され、その結果が運動系への指令として出力されているのだろうか。そう考えるのは、道具性の認識（それを用いる）には事物性（それは何であるか）の認識が先行すると前提しているせいなのではないか。しかしミミズにとっては葉の事物性など全く問題にならないだろう。葉のアフォーダンスを、全身の運動によって抽出すれば十分である。つまり生物にとっての存在性とは道具性であり、存在は使用によって初めてその存在性を暴露する。認知心理学の創設者の一人であり、その後ギブソン主義へと立場を変えたユルリック・ナイサーが日本心理学会の記念講演で用いたしゃれた表現を借りれば、「アリは凱旋門という概念なしで凱旋門をくぐることができる」のである(5)。アリが凱旋門をくぐれるということは環境の事実なのであり、アリの内部の情報処理の結果として凱旋門の表象が形成されたためではない。

2　直接知覚

ギブソンは、「アフォーダンス＝存在の道具性」とその知覚を、精緻で具体的な心理学理論として構築する。それはすなわち包囲光配列に基づく直接知覚の理論である。ギブソンによれば、知覚主体を取り囲む環境には、観察点に収束する光の構造がある。これを包囲光配列と呼ぶ。包囲光配列は、多くの場合光学的な流動である。すなわち包囲光配列は知覚対象や知覚主体が動くことによってダイナミックに流動する。網膜に投射される光は常にゆれうごき、静止画像として定まることはない。もし視覚が素朴な実在の鏡像を写すカメラならば、流動する光から安定した「画像」を得るのは途方もなく困難な問題だろう。

しかしギブソンによれば、この包囲光配列の流動によってこそ知覚の変化項と不変項が区別される。生物にとって重要な環境情報とは、遠近関係や表面の配置などである。これらの構造は包囲光の流動にもかかわらず極めて安定している。しかし「流動にもかかわらず」どころか、この安定性は「流動によってこそ」もたらされるのである。包囲光配列の中には大地のきめの密度とその変化勾配のような、知覚の恒常性を保証する「不変項」が埋め込まれているからである。

たとえば「大きさの恒常性」を考えてみる。網膜に映ずる像の大きさとしては、遠方にあるものは近くにある同じ大きさのものより小さいはずである。しかし実際にはほぼ同じ大きさに知覚される。この恒常性は、われわれの内部で、知覚経験に基づく網膜情報の修正計算が行われているために生ずるのだろうか。ヘルムホルツなどはそう考えた（いわゆる「無意識的推論」の概念）。しかしギブソンは、恒常性は環境によって直接与えられていると考える。すなわち恒常性はわれわれの内部で構築されるのではなく、環境にある。異なる距離にある同じ大きさの物体は、大地のきめ勾配に対して同比率になる。遠いものは小さく見えるが遠くでは大地のきめも細かい。近いものは大きく見えるが大地のきめは粗い。すなわち大地のきめの密度勾配によって大きさの恒常性は直接に与えられている。そこには推論も計算もなく、ものの相対的大きさは環境の構造から直接抽出される。それは網膜像から外界の内的な表象が形成される「情報処理」の過程ではない。

ギブソンは「感覚入力が『認知的処理』を受けねばならないとする現代の理論ですら当を得たものではない。……それはうまくいかないので、断念したほうがよい」[3]（二五三頁）という。そのため極めて意識的に「情報処理 information processing」ではなく「情報抽出 information pickup」という用語が用いられる。これは生物が環境と関わるために有用な情報は外界に存在し、生物はそれを獲得すればいいのであり、内的な「処理」など必要がないと考えるからである。こうした考えを「**直接知覚**」と呼ぶ。

このアフォーダンスと直接知覚の概念は、多くの批判にさらされてきた。ギブソンの最後の著書が出版された一九七九年前後は、視覚を網膜像から三次元世界を復元する計算過程ととらえる「計算論的」立場が急速に台頭した時期である。計算論的視覚研究者たちはギブソンの直接知覚論に対して強く反発した。

3　ギブソン批判

視覚の計算論の唱導者であるデビット・マーが、その有名な著作[6]のはじめの部分で、計算理論、アルゴリズム、ハードウェアの三つの水準を区別したことはよく知られている。この区別のあとで彼は計算理論の水準の重要性を指摘し、知覚研究において最も計算理論の水準に近いのはギブソンの考え方であると述べている。ギブソンは視覚の目標を感覚情報から不変項を抽出することだと明確に指摘しており、マーはこの著作でまさにこの問題に取り組んだからである。そういう意味でマーはギブソンから「解くべき問題」をもらっているのである。しかしこの問題に対するマーの解答はギブソンとは対照的である。

マーは「視覚とは、外界の画像から、不適切な情報によって乱されない観察者にとって有用な記述を作り出す処理過程[6]」（三四頁）であるという。すなわち知覚的不変項の抽出である。その出発点となる初期表現は「網膜中の光受容器によって検出される画像強度値の配列」（三四頁）であるとする。マーが網膜の光受容細胞の一個一個をＣＣＤカメラの「画素」のようにとらえていることがわかる。さらに視覚の目的は「画像から事物の形状と位置の記述を作り上げること」（四一頁）

であり、それは（1）網膜画像の各点における強度値から、（2）二次元画像を得て、（3）観察者中心座標系による三次元表現を形成し、（4）最後に物体中心座標系による三次元表現で形状および空間構造を記述することであるとした。これらのステップはすべて複雑な計算過程であり、数学的に解かれるべき問題である。視覚が計算問題であることを示す模範的な例として、マーはハエの視覚制御系がボルテラ級数展開による微分方程式で精密に記述されることをあげている。このように、マーにとって視覚の出発点は網膜像であり、それに基づく外界の認識は徹頭徹尾知覚システムの内部で生起する。

こうした立場を取るマーからみれば、ギブソンの理論には致命的な欠点がある。それはギブソンが（1）表面のような不変項の抽出は厳密に情報処理の問題であること、（2）そのような検出は難しい問題であること、の二点を理解していないことであるという。マーにとって、「外界を物体が動くとき、不変性を検出することは見かけほど難しくない」（マーによる引用、三二一‐三二三頁）と主張するギブソンは「見るという行為の見かけの単純さに惑わされた思想家」（三三三頁）なのである。

しかしこのわずか三ページほどの部分からだけで、マーがギブソンの主張を驚くほど曲解していることが明確にわかる。ここでマーが引用しているギブソンの主張は、「運動などで物体の形態が見かけ上変化した場合、それらの変化を修正して不変項を抽出するという問題設定をするとそれは非常に難しいが、変化自体が手がかりとなると考えればそれほど難しくない」と主張しているのである。それは包囲光配列の流動から不変項が抽出されるというギブソンの主張の核心を述べているのであって、不変項の抽出が取るに足らない簡単なことだという主張ではない。もっともマーが展開した理論はほぼすべてが静止した物体の形態処理に関するものであるから、ギブソンの主張に従えばマーが視覚の問題を難しくしてしまったことは確かなのであるが。

マーの批判はすでに標準的な見解として心理学界全般に普及している。たとえば『認知心理学事典』[7]には「直接知覚」という長くて混乱した項目がある。この項目では、（1）直接知覚の概念は不明確で誤解を招きやすいこと、（2）知覚的不変項の発見が容易ではないこと、を問題点として指摘した後、（3）包囲光配列の中に豊かな情報があるというギブソンの主張は有意義であると評価している。（2）はマーの批判の繰り返しで、（1）はマーと並ぶもう一人の計算論の巨人であるウルマンによるギブソン批判[8]に依拠している。ウルマンは包囲光構造に関するギブソンの生態光学は高く評価したが、知覚の直接性という概念はあまりに多様な解釈を許すあいまいな概念であると批判し、包囲光構造からの情報抽出はやはり一つの計算論的推論過程であると主張している。

しかしこれらの直接知覚批判は的が外れている。直接知覚の概念を誤解しているとしか考えられない。マーもウルマンも、不変項の発見は容易ではなく、多くのステップからなる複雑な情報処理であるとしている。つまり彼らは、直接知覚を「簡単で単純なもの」という意味で理解している。実際ウルマンは、視覚プロセスで刺激-知覚関係が「直接的」であるというためには、その関係がそれ以上基本的な構成要素に分解できてはならないとし、それは事実に反すると批判している[9]。しかしギブソンの主張の本質は、不変項の発見が簡単で単純なものであるということではない。

4　ギブソンの「誤読」問題

「直接知覚」の意味

ギブソンの『生態学的視覚論』(3)の第九章は「直接知覚の実験的証拠」という題名で、その冒頭には直接知覚の定義が述べられている。すなわち、

直接知覚とは、例としてナイヤガラ瀑布を見るときに経験されるもので、その写真を見るのとは区別される。後者の種類の知覚は仲介されたものである。このように、環境の知覚が直接的だと主張するときには、それが網膜的画像、神経的画像あるいは心的画像によって仲介されてはいないという意味である。直接知覚とは包囲光配列から情報を得る活動である。これを私は、見回す、歩き回る、見つめるなどの探索活動を含む情報抽出の過程とよぶ。これは、どのようなものであれ、視神経入力から情報を得るという仮定された活動とは全く別ものである（一六一頁）。

この文章をどう読めば直接知覚を「簡単で単純なもの」という意味だと解釈できるのか。ギブソンのいう直接知覚とは、全身を使った探索活動によって包囲光配列から情報を抽出することであ

る。それは、画像による仲介を必要せず、他の感覚モダリティや身体運動と一体のシステムとして視覚を理解する、ということを意味する。問題の本質はこの「画像による仲介」ということで、ギブソンに対する様々な誤解もここに起源がある。

「網膜像、神経的画像、あるいは心的画像による仲介」

(a)　網膜像の問題

アフォーダンスの項で述べたとおり、生物にとっての存在の道具性は事物性に先行しており、それは環境に利用可能な構造を直接発見することである。それはミミズにも可能であり、内的表象や計算は必要でない。ギブソンの直接知覚とは、この「道具性の無表象的知覚」をさしている。

『生態学的視覚論』(3)には「網膜像は視覚にとって必要か」という項があり、そこには「異なった方向から入ってくるさまざまに異なる光の強度を記録することが、視知覚にとっては必要なのであり、網膜像の形成は必要ではない」(六七頁)と書いてある。こうした記述は多くの人を混乱させる。筆者は複数の視覚研究者から「ギブソンは視覚に網膜像が必要ないといっているんだ。だけど目をつぶったら何も見えないじゃないか。何を考えているんだか?」という発言を何度か聞いたことがある。しかしこれは完全な誤読である。

網膜像が不要だというのは、視覚の成立に光が網膜を刺激する必要はないという意味ではない。ギブソンのいう網膜像とは、網膜というスクリーンに投影された世界の像のことである。それは、視覚をカメラのようにとらえ、映像としての網膜像の形成が見ることの出発点であり本質であるとする考えを批判している文脈で読まれるべきである。粗雑でゆがんだ二次元の静止画像が投影されるスクリーンとして網膜「像」をとらえると、視覚の問題は画像処理の問題となり、内的な構築過程が必要になる。それは汚れて傷だらけになった古い映画のフィルムを、現代のデジタル技術で処理してオリジナル画像（あるいはそれ以上のもの）を再現することに似ている。しかしギブソンは「網膜は単に光の指によって打たれるキイ・ボードでもない」（六六頁）という。これは、マーのいうような「網膜画像の各点における強度値から二次元画像を得る」ことを視覚の出発点とすることを批判しているのである。

ギブソンにとっての視覚は画像処理やカメラとは全く異なるもので、むしろ触覚に似ている。ギブソンにとっての網膜は「像」を構成するためのＣＣＤカメラではなく、むしろ光の流動によってさっと撫でられる敏感な皮膚のようなものである。ギブソン派の触覚研究の言葉を使うなら、包囲光配列は網膜という皮膚に対して「ダイナミック・タッチ」するのである。触覚の場合と全く同様に、流動のない包囲光はたいした情報をもたらさない。視覚にとって包囲光の流動はマーのいう「不適切な情報」ではなく、本質的なものである。

（b）心的画像の問題

この網膜「像」の問題は「表象」の問題へと直接に接続している。ナイヤガラ瀑布を見ているときに心的画像の仲介はないというとき、ギブソンは知覚における表象の介在を明確に否定している。つまりギブソンがいう直接知覚は無表象的な道具存在の知覚を意味している。ギブソンの主張の中核は、道具性が存在の本質であり、生物体はそれを表象の仲介なしに認識できるということである。

この問題は認知心理学におけるイメージ論争と結びつけられることがある。すなわち認知心理学では「心的回転」研究以来、主観的な視覚イメージを実験的に検討してきた。しかし心理学者のピリシン(9)は、視覚イメージ研究には「脳の中の小人（ホムンクルス）」を想定する哲学的錯誤が存在すると批判した。これをイメージ論争といい、これによって認知心理学の中核にある「表象」の問題が顕在化した。その後の脳画像研究の進展によって、視覚刺激なしで視覚イメージを構成する課題を遂行する場合でも一次視覚皮質が活動することが示された。これによって視覚イメージの神経学的実在性と機能的重要性は広く認められるようになった(10)。こうした現代の知見に基づけば、表象を否定するギブソンはすでに時代遅れなのだろうか。しかしこれも一つの誤解である。イメージ論争で問題になったのは、すべてが非イメージ的な命題表象によって説明可能かどうかということである。つまりこれは表象の種類に関する論争であり、「無表象的知覚」の可能性など想定外である。認知心理学ははじめから一貫して表象の科学であり、それは視覚イメージが存在するかどうかには関係がない。むしろすべてを命題表象で記述しようとする立場のほうがよほどギブソンの考えから遠いだろう。

しかし表象の問題は「ギブソン誤読問題」の本質に関わる。たとえば、上述の『認知心理学事典』の「直接知覚」の項目である。この項目の執筆者は、ギブソンの主張の長所と短所をバランスよく記述しようと努力しているが、よく読むと説明が明らかに混乱している。ギブソンの主張の核心が理解されていない。たとえば、直接知覚とは「環境に関する構造が、記憶や推論の助けなしに不変項から**直接**再生できるということ」（三〇三頁）という定義を示し、そして「Gibson の直接知覚に関する『特殊な考え方』はとりあえず別にして」（三〇七頁）という保留をつけた上でギブソンの貢献を評価しているのである。これは非常に混乱した説明である。「再生」という言葉が用いられているのがその証拠である。何かが「再生」されることとして知覚をとらえるのが、まさに表象主義であるが、それこそがギブソンが真っ先に否定したことなのである。表象主義に無自覚なままギブソンを読めば、そこに書いてあるのは謎であり、ナンセンスにしかみえないだろう。まさに「特殊な考え方」にしか思えない。だが今まで述べたとおり、知覚の直接性とは表象主義を乗りこえるための概念に他ならない。

5　ギブソンの視覚理論は汎種的なものである

表象を否定するなら、ギブソンの立場は認知心理学の基本的前提と本質的に対立するようにみえる。しかし認知心理学とギブソンの視覚理論は、対立するというよりもむしろすれ違っているというべきではないだろうか。なぜならば、この二つの心理学は取り扱う問題の範囲が異なるように思えるからである。認知心理学は、記憶、言語などヒトの高次精神過程に関心を持つ。そこで研究される視覚とは、典型的には文字を読む過程などについてのものである。たとえば標準的な認知心理学の教科書では、おおざっぱに心理物理の知識がまとめられたあとに、「二次元と三次元のパタン認知」のような項目が続くことが多い。さらに認知すべき二次元パタンとしてアルファベットの例が出てきて、機械視覚の研究が紹介され、「情報処理モデル」として鋳型照合と特徴検出のモデルが比較されるのである。発想の基本に「機械に文字認識をさせるにはどうしたらよいか」という情報工学的スタンスがあることがよくわかる。それが認知心理学というものである。

一方で、ギブソンの心理学は最初から最後まで生物学である。機械には全く関心がない。それどころかヒトという種に固有の問題にもほとんど関心がないようである。ギブソンの関心は「汎種的」であり、すべての生物に共有される環境の道具的性質に関心を持つ。もちろん環境に発見されるアフォーダンスは種によって異なる。しかし存在の道具性と出会うときの様態は汎種的である。すなわちミミズであってもヒトであっても身体全体の活動によって道具存在を暴露する。実際、これはささやかな発見なのだが、『生態学視覚論』の日本語翻訳版には「ヒトの知覚世界を探る」という副題がついている。しかしこれは英語のオリジナル版には見当たらない。訳者がおぎなったのかもしれない。しかしこの本はヒトについて書かれたものなのだろうか。第一章の題名は「動物と環境 The animal and the environment」であり、ギブソンの汎種的意図は明らかのように思える。

ギブソンが批判したのは、文字を読む過程に視覚を代表させるような議論の転倒なのだろう。それに対して彼は、環境での身体の移動のような事態に視覚を代表させている。そして前者は存在の「事物性」と関わる問題で、後者は存在の「道具性」と関わる。ハイデガーのいうように存在の道具性が事物性に先行するなら、事物的な知覚から出発する知覚理論は倒錯以外の何者でもない。事物的な知覚の理論は道具的な知覚理論の上に構築されるべきであって、ギブソンはそれまで空白となっていた道具的知覚理論の基盤を作ろうとしたのではないだろうか。問題なのは、事物存在（とその表象）から出発して知覚を説明しようとする倒錯した議論である。

もちろんヒトの場合には、意識主観に存在の事物性が現れてくる。認知心理学（というよりも近代心理学のすべて）はこれが存在と認識の出発点だと考えた。しかしギブソンは存在の事物性とその知覚の問題は取り扱っていないとしか思えない。したがって認知心理学とギブソン心理学は、対立するというよりもすれ違っているというべきだ。前者が椅子に座ってじっくりと本を読むヒトにおける「記号からの意味の抽出」のような問題に関心を向けてきた一方、後者は野山を這い回り、食料を探し敵から身を隠す「けだもの」の問題に関心を向けてきたのだ。そしてギブソンのメッセージとは、前者は後者から現れたという、全く当たり前のことなのである。

このメッセージは、心＝脳が身体を制御するという近代的な倒錯に対する批判でもある。心は身体の基盤の上に初めて立ち現われる。このギブソンのメッセージを正面からとらえたとき、現代の心観は大きく揺さぶられる。だからギブソンの思想はなかなか理解されないのである。意識主観は、道具性と身体性の上にこそ現われる。実際に、最近の認知心理学研究ではこの視点を重視するものが確実に増えている。また近年の進化心理学の急速な発展とダーウィン思想の再評価には、ギブソンの業績が確実に寄与している。しかし、より激烈な科学批判としてギブソンの思想を解釈する考えもある。それはたとえばメルロ・ポンティの研究者である河野の考えである[11]。本章の最後にこれについて予備的に考察し、今後の課題としたいと思う。

6　間接知覚論と近代心理学

河野によれば、ギブソンの直接知覚の概念は「間接知覚論」に対する批判であるという。間接知覚論とは、近代心理学の背骨となる思想である。それは、われわれの見ている世界は世界そのものではなく、感覚システムによって「媒介」された間接的なものであるとする考え方である。すなわちわれわれは「世界」を見ているのではなく、「視神経の興奮の結果としての中枢神経系の活動」を見ている。第六章で述べたとおり、この考え方の起源は少なくとも一七世紀のデカルトまでさかのぼるらしい。デカルトは「視覚は脳に起こるもの」とはっきり述べている。

視覚の対象のすべてがその姿をわれわれに示すのは、それら対象とわれわれの間にある透明な物体を介して、まずわれわれの眼底にある視神経の細い糸を、次いでこれら視神経の源である脳の場所を、局所的に動かすということのみから起こるのである。…またそれら対象を精神に呈示するものは、直接には、眼に起こる運動ではなくて、脳に起こる運動なのである。(12)

間接知覚論の典型的な例が、すでに述べたヨハネス・ミュラーの「個別神経エネルギー説」である。くり返しになるがもう一度説明すると、この説によれば、われわれの諸感覚体験（五感）は、それぞれ固有の神経エネルギーに結びついている。たとえば視覚体験は視覚神経系の興奮によって生じるが、視覚体験が生じるかどうかは外界の物理エネルギーの種類によってではなく、生体内部での興奮する神経系の種類（個別の神経エネルギー）によって決定される。すなわちわれわれの感覚体験は外界（物理エネルギー）によってではなく感覚神経系（神経エネルギー）によって生じている。したがって知覚とは間接的なものである。

間接知覚論を支持する証拠はいくつもある。たとえば知覚における残効現象である。右に動くパタンを長い間注視した後に静止パタンを見ると、それは左に運動して見える（運動残効）。これは運動方向検出器とその飽和という概念で説明できる。一つの運動方向にのみ感受性のある運動検出器があると考える。静止の知覚は互いに反対方向へ感受性のある検出器の興奮が均衡する時に生ずるとする。さて、右方向の運動を長時間見ることで右運動検出器が飽和し活動が低下する。そこで静止パタンを見ると右方向と左方向の検出器が活動するが右方向検出器は飽和しており、結果として左方向検出器の出力が右を上回る。したがって左方向の運動が知覚される。つまりわれわれの見ているのは運動そのものではなく、運動検出器の出力である。

このように間接知覚論によると、われわれの体験するこの統一的世界は、実際には個別の感覚神経系が興奮したことの結果である。その興奮の原因となった外界をわれわれは直接知ることはできない。個別の神経系の興奮はそのままではばらばらのものであるから、それらは何らかの方法で統合されているに違いない。すなわち知覚とは構成作用である。これは、ジョン・ロックからヴントにいたる構成主義的・連合主義的な心理学の根幹である。それはまた現代の感覚生理学や認知心理学、認知神経科学の基盤にも厳として存在する。その典型は、視覚入力は形態、色彩、運動の三属性に分解されてそれぞれ大脳皮質内の異なった部位で並列的に処理され、最終的にそれらが「バインディング」されて知覚表象が成立すると考えたゼキ[13]である。また複雑な形態は少数の基本的形態アルファベット（ジオン）の結合として認識されるとするビーダマン[14]の構造記述モデルもその一例である。それどころか間接知覚論は、大脳機能局在説を基盤とする現代の認知神経科学のすべてにわたる大前提となっているだろう。このように間接知覚論は現代心理学の根幹をなす思想であり、これに対して自覚的に向き合うのは容易なことではない。

確かにギブソンの直接知覚論は、知覚が構成作用であることを明確に否定する。しかし筆者の考えでは、直接知覚論はアフォーダンス＝道具存在性に関わるものであり、事物存在性に対してギブソンは何も積極的に発言していない。しかし河野によれば、ギブソンの「直接知覚」という主張の核心は「知覚の間接性」という考え方全般に対する批判であるから、個別神経エネルギー説でさえ否定されるというのである。つまり近代心理学とギブソン心理学はすれ違うのではなく、全く対立するということである。

今のところ、筆者はこの考えには態度を保留しておく。これは近代科学的思考の根幹に対する重要な批判であり、慎重に思考する必要を感じる。哲学者の発想は自由奔放だが、筆者などは「では運動残効はどうなる」と考えて一歩も進めなくなってしまう。おそらく、知覚が直接的か間接的かという問題は、存在とは何かという問題にもどることによってしか理解できないだろう。実際に、河野によれば存在とは「実体」ではなく「過程」であるという。そして間接知覚論という錯誤は実体論という錯誤と深く結びついており、ギブソンはこれを明確に理解していたという。次章では、最後のテーマとして実体論について、「唯識思想」という古代の思想を用いて考察してみよう。

引用文献

（1）Gibson, J.J.（1950）. *The perception of the visual world.* Boston: Houghton Mifflin.

（2）Gibson, J.J.（1966）. *The senses considered as perceptual systems.* Boston: Houghton Mifflin.

（3）Gibson, J.J.（1979;1986）. *The ecological approach to visual perception.* Hillsdale, LEA.（『生態学的視覚論』古崎敬他訳、サイエンス社、一九八六年）

（4）佐々木正人『知性はどこに生まれるか――ダーウィンとアフォーダンス』（講談社、一九九六年）

（5）Neisser,U.（1990）. Modes of perception and forms of knowledge. 第五四回日本心理学会特別講演配布資料

（6）Marr, D.（1982）. *Vision*. Freeman.（『ビジョン』乾敏郎・安藤広志訳、産業図書、一九八七年）
（7）M・R・アイゼンク他編『認知心理学事典』（野島久雄・半田智久・重野純訳、新曜社、一九九八年）
（8）Ullman,S.（1980）. Against direct perception. *The Behavioral and Brain Sciences*, 3, 373-415.
（9）Pylyshyn, Z.W.（1973）. What the mind's eye tells the mind's brain: A critique of mental imagery. *Psychological Bulletin*, 80, 1-24.
（10）Kosslyn, S.M.（1994）. *Image and Brain*. MIT press.
（11）河野哲也『エコロジカルな心の哲学』（勁草書房、二〇〇三年）
（12）デカルト「情念論」『世界の名著二七　デカルト』所収（野田又夫訳、中央公論社、一九七八年）
（13）Zeki（1993）. *A vision of the brain*. Brackwell Scientific Publications.
（14）Biederman, I.（1987）. Recognition-by-components: A theory of human image understanding. *Psychological Review*, 94, 115-147.

第八章　仏教の心観と存在論

この短い最終章では、仏教について考えてみたい。なぜなら仏教は、存在と認識に関して、西洋の思考とは異質な、しかもわれわれ日本人にはどこかなじみのある議論を展開しているのである。こうした思想は心理学の本ではまず取り上げられることはない。しかし仏教思想は前章までに論じた諸問題に、きわめて重要な視点を与えてくれるのである。それは「過程と実体」という問題である。

仏教思想は、心について非常に多くの言説を持っている。だがそれは長い歴史の中で変貌し複雑化し、一方でわれわれ東洋人の生活の中であまりに身近でもあるため、対象化してきちんととらえることが難しい。お葬式などの仏事ではお経を読むが、お経とはもともと高度な認識哲学の論文のようなものである。古いインドの言語（サンスクリット）で記述されたものを中国語に訳し、その漢文を日本語の発音で音読している。したがって耳で聞いて理解できるはずもない。だからわれわれにとって、お経は哲学論文ではなくむしろ音楽に近い。非常になじみがあるがその内容を吟味する機会などないし、内容があると考えたことすらない。むしろその音の持つ美と呪術性に感銘を受けるのみである。しかしたとえば非常に有名なお経である「般若心経」の現代日本語訳を読んだことがあるだろうか。中でも特に有名な「色即是空」の部分、「色不異空、空不異色、色即是空、空即是色。受想行識亦復如是」という箇所を試みに訳してみよう。いわく、「われわれが知覚する世界には実体がなく、その非実体性こそが知覚世界の本質である。非実体性は知覚世界と異なるところはなく、知覚世界は非実体性と異なるところはない。全く同様のことが感覚、知覚、衝動、意識などについても成立する」。このようにきわめて明晰な哲学的思考が感じられる。お経のイメージが一変する。

1　仏陀の教え

仏教を創始した仏陀（悟りを開いたもの、賢人、という意味）は、紀元前六世紀頃に現在のネパール南部に当たる地域にあった小国の王子として生まれた。非常に聡明であったが、いつも人生について悩んでいた。生まれること、老いること、病むこと、死ぬことの四つを人生の最大の苦（四苦）と感じ、ある日とうとう出家してしまう。自分の身体を痛めつける苦行を何年も行った。しかし悩みは解決しない。やがて苦行は止め、菩提樹の元で瞑想に入り、悟りを開いた。その後は多くの弟子とともに各地を遍歴して教えを広め、八〇歳の天寿を全うした。仏陀の悟りとは、生老病死などの人生の苦しみの原因は「執着心」である、というものであった。人間は自我や物質に対して強い執着心を持っており、それが苦しみを生み出す。執着心から解放されるには、「因果の理法」すなわち世界の真の法則を知ることである。世界の真の法則とは、世界が非実体であるということである。執着心を捨てるために大切なのは、苦行ではなくて毎日の生活の中の正しい行いである。

この教えで非常に特徴的に思えるのは、プラトンやカントの思想以上に、倫理の問題を認識の問題に直結させていることである。心について考えることは倫理や認識について考えることだと述べたが、読者はこの二つがお互いに遠いものに感じられたかもしれない。しかし仏陀の教えの中ではこの二つが直接に結びついている。嫉妬や軽蔑など、自我が生み出す悩みを越えて（解脱して）、倫理的な高みに登る（悟りを開く）にはどうしたらいいのか。仏陀の答えは、自我は実体ではない、ということである。自我が実体でないから悩みも実体ではありえないというのである。つまりすべての苦しみは人間の意識が作り出したもので、それらは実体ではない。それどころかこの世界そのものが、人間の自意識が生み出した仮象（まぼろし）にすぎないとまで考える。したがって、よりよく生きるためには、世界も自我も実体でないことを認識することが必要だというのである。仏陀の教えには超越的な神は想定されておらず、仏陀自身も自らを超越的な存在だとは主張しなかったようだ。そういう意味では、仏教の本来の姿はあまり「宗教的」でない。仏教の本来の姿は、悩みのつきない凡夫であるわれわれが、仏陀の悟りの過程を追体験することで悟りを開くことである。そこに必要なのは倫理的な生活と世界の仮象性の認識である。

2　唯識思想と存在論

こうした仏陀の教えは、紀元後三－五世紀頃にインドのアサンガ（無着）やバスバンドウ（世親）らによって「唯識思想」として体系化された[1][2][3]。唯識思想は、仏陀の教えの核心である「世界の仮象性」ということを突き詰める。唯識とは、世界には「識」しかないということである。識とは人間の持つ認識機能のことである。般若心経にあるとおり、われわれが知覚する世界には実体がなく、その非実体性こそが知覚世界の本質なのである。先ほど訳した般若心経の「色即是空」は、「色」すなわち色彩、音、形態などの認識世界を構成する属性は、全くの「空」、すなわち非実体である、という仏教認識論の核心を述べたものである。これを「空」の思想ともいい、「色」は「識」にとらえられることで初めてそこに現れるのである。人間の苦しみは、自分で作り出したはずの非実体であるところの色の世界に捕らわれ、それに執着するからこそ生ずる。

たとえばある人が憎くてたまらない。これは苦しいことである。しかしその「憎い人」は外界に客観的に存在する実体ではなく、自分自身の認識機能が作り出した概念である。いわば人間は自分で苦しみの対象を生み出しているのである。同じように、「これは自分の所有する大切なものだ」

というとき、「自分のもの」というのは人間が作り出した概念である。実際にはどこにも「自分」などないのだから、「自分のもの」などというものがあるはずがない。だからそんなものに執着するのは認識論的な錯誤だ。「自分の身体」というのも全く同様で、身体はあるかもしれないが「自分」というのは全くの概念にすぎず、「自分の身体が大事」だというのは意味のない言葉である。さらに「自分の親」とか「自分の子供」とかもすべて同様で、「自分」という認識論的な錯誤から生じている。だからこれらを大切に思う気持ちは、すべて錯誤であり執着心から生ずる。この錯誤を十分に理解することが、悩みから解放されて解脱する唯一の方法である。

前にもすこし触れたが、西洋哲学には「唯心論」というものがある。世界には自分しかいないのであり、この世界は自分の見る夢のようなもので、自分が消えれば世界も消失する、というのが唯心論である。自我を唯一絶対の統一原理とするヨハン・フィヒテの思想などが有名である。他者の心の存在は推論されたものに過ぎず、その実在性を証明することの不可能性についてはすでに述べた。そして行動主義も、チューリング・テストも、そして現代の科学的心理学全体も、そのすぐ隣には唯心論という落とし穴がひっそりと待ち構えているように見える。科学では私だけが心を持つ。[4] これは近代科学的思考法によって心をとらえることの限界をよく示している。

さて、「空」の思想を説き「世界の仮象性」を主張する唯識論は、唯心論と似て見える。しかし西洋の唯心論と東洋の唯識論は、反対の両極端の思想である。なぜなら唯心論では「自分」がすべてだが、唯識論では「自分」という概念そのものが最大の錯誤だと考えるからである。さらに、筆者の理解では、唯識論が自我や世界が実体ではないというとき、それらが「ない」という意味ではない。このことを理解するには、「実体」という言葉と「存在」という言葉を慎重に区別する必要がある。空の思想は、世界の非実体性を主張するが、それは「世界の存在」を否定しているわけではない。世界が「実体的」であるというとき、それは人間の認識機構でとらえられた諸物が人間の外側にそっくりそのまま変わらず安定して存在する、ということを意味する。しかし世界が非実体的であるというとき、それは世界の存在の否定ではない。なぜなら「非実体的な存在」ということを考えることが可能だからである。そのよい例は、川と炎である。鴨長明の『方丈記』の冒頭にあるとおり、川は流れ続け、そこには川という実体があるように見えるが、実際には水は常に移動してとどまることがない。つまりわれわれが「川」と呼んでいるのは、水の運動を人間が知覚し命名した概念であり、実体ではない。しかしそれは川が存在しないということではない。川の認識の原因となるプロセス（水の流れ）は存在するだろう。「炎」も全く同様で、ローソクに火をともせばそこに炎があるように見えるが、実際に存在するのは不断の燃焼のプロセスのみであり、「炎」の知覚を成立させているのは炎という実体ではない。さらにいえば、「私の身体」も同様で、身体を構成する物質は新陳代謝によって不断に更新されており、川や炎と変わらない。これも実体ではなく「プロセス」である。これをさらに発展させると「自我」や「自分」というものも同様で、それ自体が存在するのではなく、それらは「流れゆく何者か」を人間が知覚し固定化して命名した概念であり、実体ではない。こうした思考法は日本人にとってなじみのあるもので、「無常観」と呼ばれ、日本的な美意識の根底をなす。

3　縁起説

さらに唯識論は、自己が実体でないように他者も実体でないから、自己と他者の区別も全くの虚妄であると断ずる。自己と他者は最初から切り離すことのできない関係性の中にあると考える。これはすべての存在に当てはまる。すなわち、個々のものはそれぞれ別のものとしてあるのではなく、はじめからすべて全体的な関係性の中におさまっている。これを「縁起（因縁生起）の理法」と呼ぶ。「実体性」を徹底的に否定すると何も残らなくなってしまうように思えるが、そうではない。個物ではなく関係性が存在するのである。「関係性」をすべての開始点にして、個物の実在性から出発することを否定するのである。私があるのはあなたがあるからであり、あなたがなければ私もない。それどころか全宇宙がすべて関係性の中にとけ込んでおり、個別に存在するものは何一つないと考える。人を憎むというのは、自己への執着心によって自己と他者を区別し実体化することによって生ずる。しかし実際は自己と他者は同じものであり、自分だけを大切にするというのは不可能で、自分を大切にするということは他人を大切にするということと同義である。このように、自己という虚妄から脱し、存在すべてを全体性の中の関係としてとらえ直すことで、高度の「倫理性」を獲得することができる。人間の認識能力には全く信用をおかず、そもそも自己とは虚妄であるという仏教思想は、一歩まちがえば自己も他者も世界全体をも軽蔑し、生命を軽視するニヒリズムを生み出しかねない（実際、東洋の歴史にそういう実例がみられることは否定できない）。しかし自己と他者の区別も虚妄であり、あらゆる存在は本来的に密接な関係性の中におさまっていると考えることにより、自己と他者は解体された後に再び和解する。このように仏陀の教えは高度な倫理学へと昇華することができたのである。

最後に、唯識論は「心の構造」に関する高度な理論を発展させた。これを「八識説」といい、識を六つの表層部分と二つの深層部分に分ける。表層部分は五感（眼識、耳識、鼻識、舌識、身識）と意識（思考）の六識から構成される。現代日本語の「意識」という語はここから来ている。深層部分はいわば無意識層で、「末那識《まなしき》」と「阿頼那識《あらやしき》」から構成される。前者は自己に執着する「自我意識」である。後者は他のすべての識を作り出し、生理学的に身体を維持しているもっとも根本的なものである。こうした「心理学的な構造論」（心の仕組みについてのモデル）が紀元後三‐五世紀の時代に理論化されたことは一つの驚きである。近代のフロイトによる精神分析のモデルとの類似性が指摘されることもある。このように唯識論は、徹底的に自己や世界の実体性を否定し、さらに死後の世界も否定しつつ、関係概念にもとづく精密な認識論によって、高度な倫理学をも生み出した。「心観」の三要素（死後の生、人間関係と倫理、認識論）に関する明確な解答を、お互いに緊密に結びつけた形で提示していることがわかるだろう。

4　まとめ

以上述べたとおり、仏教の唯識思想はこの世の存在のすべてを固定的な実体ではなく流動的なプロセスととらえている。そして「縁起」という個物ではなく関係性を出発点とした一種の対人関係論を展開し、それを基盤にした倫理観を構築している。この思想は全く古びておらず、むしろ二〇世紀以降の思想で取り上げられた多くの重要な問題を先取りしているようにさえ見える。そこには「心観」の三要素に対する力強く明確な解答が示されている。

これと現代の科学化した心理学を比較してみよう。現代の心理学は他の科学分野と同様に、死後の生に対する不可知論、倫理的な問題に対する態度保留、客観世界の実在性に対する確信に基づく認識理論から成立している。一方唯識論は、自他の区別や生死そのものの実体性の否定、非実体的関係概念から導かれる倫理観、非実体的過程概念に基づく認識論から成立している。このように比較すると、唯識思想における非実体主義の徹底ぶり、そのラジカルさがよくわかる。どうやら実体論の否定というのは荒唐無稽な話ではなく、むしろわれわれがとらわれている近代科学的世界観の本質的問題を明らかにしているように感じられる。

せっかく日本人として心理学を学んでいるのだから、これまで考えてきた近代科学的世界観に基づく心理学を、仏教思想に基づいて徹底的に相対化してみることは非常に重要なことではないだろうか。

本書は、心について考えるとはどういうことかという問題意識から出発し、三つの要素からなる「心観」というものを考察した。それから心観の歴史について考え、心理学が科学化されていくプロセスを紹介した。心理学の科学化とは「心」の機械論的説明の徹底化のことであり、機械論とは研究の対象に心の働きをみないことである。したがって科学的心理学は必然的に「心」の研究ではなくなってしまう。これが「心の科学」のパラドックスである。心理学は新行動主義の時代に、刺激と反応の間にブラック・ボックス的な内的過程を仲介変数として挿入し、このパラドックスを克服しようとした。この仲介変数としての内的過程は、認知心理学によって「情報処理過程」として説明された。その後二〇世紀の終わりから脳の研究が大きく進展し、ブラック・ボックスの中身が少しずつ見えてきた。しかし科学化された心理学にとって、ブラック・ボックスの中に発見するべきは意識や主観の世界ではありえない。そこには物体としての脳だけがある。したがって科学的心理学のこれから進む道は、脳研究との融合であろう。そこでは「心理学」は行動を精密に測定する方法論の名前となる。心理学は創意に満ちた方法論によって脳研究に大いに貢献するだろう。もちろん社会科学的および臨床的な心理学は存続するだろうが、これらの分野にも脳研究の知見が生かされるようになっていくだろう。

しかし別の道もあるかもしれない。それは、日常生活における「客観的世界の実在性の確信」という素朴な実在論に無反省に立脚することに対して批判的になり、心理学自体を独自の科学哲学と認識論として再構築することである。第六、七章で述べたとおり、研究の前提に内包される存在論的前提を明確に意識し、それを批判的に見直すことは、「環境内で脳と身体の行う行為としての認識」の機構を正しく理解するためには不可欠である。すなわち人間もミミズも同様に、生物は身体すべてを用いて世界と出会っている。認識という行為は、全ての情報が脳の「中枢」へと集約されることによって、「素朴に実在する世界」の鏡像が構築されることではない。心理学が脳研究と融合することは一つの必然だが、心理学が単なる方法論の集積を脱して、身体と行為についての新しい心理学を構築できれば、それはわれわれの脳についての考えに修正を迫ることになるだろう。それによって心理学と脳研究は新たな身体論を生み出すだろう。それは心理学がかつて決別した哲学的思考と、もう一度出会うことによって可能となる。そのときわれわれ日本人がもう一度出会うべきなのは、西洋哲学のみでなく、むしろ昔から身近に存在してきた仏教の思想なのかもしれない。

以上が本書のメッセージである。

引用文献

（1）岡野守也『唯識のすすめ——仏教の深層心理学入門』（日本放送出版協会、一九九八年）
（2）横山紘一『やさしい唯識——心の秘密を解く』（日本放送出版協会、二〇〇二年）
（3）三枝充悳『世親』（講談社、二〇〇四年）
（4）村上陽一郎『近代科学を超えて』（講談社、一九八六年）

あとがきにかえて——心の発見とアリストテレス的進化

心とは結局なんだろうか。それはあらかじめ存在する何者かではなく、むしろ発見するもののようである。すでに何度も指摘したように、進化心理学によれば他者の心を読む能力を進化させることでヒトはヒトになった。人間は社会生活上の必要から、他者の個性を知り、考えを推論し、行動を先読みし、出し抜き、だまし、裏切り、また他者の裏切りを感知し、制裁を加える。そういう行為を円滑に遂行するためには、自分の社会の構成員のみならず、外界に存在する様々なものが、自らの意志に基づいて行動していると前提することが有用だろう。木の陰に何かがいる。それはただの石かもしれないし、敵かもしれない。こういう場合、まず敵とみなして警戒する方が得策だろう。木の陰にいるものが、自らの意志で目的的に行動し、自分に対して危害を加える可能性がある、という前提で行動することは、自分が生き残る可能性を高くする。つまり目前の対象のふるまいの中に意志を読み取ることは、進化論的に適応的な行動なのだ。だから人間はあらゆるものに意志すなわち心の働きを見いだした。これはつまり、森羅万象に生命と意志をみる「アニミズム」に適応的な意義があるということである。自然現象に意志の力を感じ、雷雨におびえ、暗闇を恐れ、災害や疫病を神のたたりと信じてひたむきに祈ることは、古代人や子供の心性であると考えられてきた。しかし、こうしたアニミズム的思考こそがヒトの進化のプロセスで獲得された決定的に重要な適応的能力だったのである。

本書で述べた、アリストテレス的宇宙とガリレオ的宇宙の対比を思い出してほしい。アリストテレスの宇宙はプシケーに満ちていた。それは原始的思考というより、ヒトの進化の本質に関わる宇宙観である。すなわち明らかに、ヒトは「アリストテレス的進化」を遂げてきたのである。宇宙が生命と意志に満ちているからこそ、人間は死後の生について考察し、倫理学を構築し、「心観」を基盤とした思想を作り上げてきた。他者の意志を推論することに習熟した人間は、最終的にその能力を自己へ向け、自己の中に意識主観の存在を発見し、それを「心」と呼んだ。しかし、アリストテレスの宇宙は近代の啓蒙主義的思考によってガリレオの時計仕掛けの宇宙へと転換した。この過程は、意志のふるまいを見いだす対象をどんどん狭めていく過程に他ならない。つまり最終的には人間だけが意志を持つのであり、自然現象は人間に従属するものとなった。人間はもはや巨大な寺院を建築せず、代わりに科学技術を発達させた。そして二〇世紀には、人間のふるまいすらも「意志」で説明することを放棄し、科学化された機械論的心理学が構築されたのだ。これは必然の道にもみえるが、少し視点をずらすとヒトの進化の道筋と矛盾するようにもみえてくる。人間の行動に意志の働きを見いだすことは、捨て去るべき原始的なアニミズム的思考なのだろうか。現代においては、アニミズム的思考はもはや適応的な価値を持たないのだろうか。筆者にはよくわからない。しかしこの問題は、現代社会のかかえる病理について多くの重要な示唆を与えてくれるような気がする。

本書の内容は、筆者が勤務する大学の心理学科で、一年生の必修科目となっている「心理学基礎論」という講義の内容にもとづいている。思想史や科学論ばかりを話し、なかなか心理学が登場しないおかしな講義であった。辛抱強くつきあってくれた受講生の皆さんに、心より感謝したい。本書は講義ノートをもとに書き下ろしたものだが、第四章のエビングハウスとフロイトの記憶研究を対比させた部分は、かつてＰＳＩＫＯ（冬樹社、平成一三年一一月号）という雑誌に執筆したものを改稿したものである。またさらに、第六章と第七章は「上智大学心理学年報」に執筆した論文を改稿したものである。第六章は二〇〇三年度の「認識の科学と存在の哲学」、第七章は二〇〇四年度の「ギブソン心理学と存在の哲学」という論文を加筆修正した。そのため、他の書き下ろした部分に比べ、この二つの章は少し表現が難しく感じられるかもしれない。第八章の唯識思想の問題は、あまりにも正統的心理学から離れすぎるような気がして一度削除を決意したが、結局また復活させた。実体論の批判ということが、やはり議論の中核をなすと思ったからである。

筆者は心理学の現状に様々な不満があるが、それはこれからまだやることがたくさん残されているという、心理学の将来への期待を持っているということでもある。筆者が心理学を志してから長い年月が経過したが、その間に感じ続けたのは不満よりやはり心理学のおもしろさであった。むしろ心理学と科学の相性の悪さを、楽しんで来たような気もする。科学的認識論としての心理学のおもしろさを若い読者に伝えたくて本書を書き始めたのであるが、結果的には心理学に対して愛憎半ばする屈折した内容となった。だが、厳密でまっとうな学問をめざして、ともすれば無理に無理を重ね、また時代の雰囲気に翻弄されつつ、ひたむきに前進しようとする心理学は、やはり私にはいとおしい。

本書を作成するにあたり、勁草書房の永田悠一氏にたいへんお世話になった。この混沌とした原稿を最後まで許容してくれた度量の広さには、感謝するばかりである。ありがとうございました。

二〇〇八年一一月

道又　爾

人名索引

マ　行

ヤ・ラ・ワ　行

事項索引

事項索引

タ　行

マ　行

ヤ・ラ・ワ　行

アルファベット

著者略歴

1957 年　岩手県に生まれる
1988 年　南カリフォルニア大学博士課程心理学研究科実験心理学専攻修了（Ph.D.）
1990 年　明治学院大学文学部助教授
1998 年　上智大学文学部教授
現　職　上智大学総合人間科学部名誉教授
専　門　認知心理学・認知神経科学
著　書　『認知心理学：知のアーキテクチャを探る　新版』（共著、有斐閣、2011）
『現代心理学：その歴史と展望』（共著、ナカニシヤ出版、1999）ほか
訳　書　カーラ・フラナガン『ワークブック心理学』（共訳、新曜社、2001）ほか

心理学入門一歩手前　「心の科学」のパラドックス

2009年 3 月20日　第 1 版第 1 刷発行
2024年 5 月20日　第 1 版第 4 刷発行

著　者　道《みち》　又《また》　　爾《ちかし》

発行者　井　村　寿　人

発行所　株式会社　勁《けい》　草《そう》　書　房

112-0005 東京都文京区水道2-1-1　振替　00150-2-175253
（編集）電話 03-3815-5277／FAX 03-3814-6968
（営業）電話 03-3814-6861／FAX 03-3814-6854
本文組版 プログレス・港北メディアサービス・中永製本所

ISBN978-4-326-29890-7　　Printed in Japan

＊落丁本・乱丁本はお取替いたします。
ご感想・お問い合わせは小社ホームページから
お願いいたします。

https://www.keisoshobo.co.jp